Corporate Wording

Corporate Wording® bedeutet die Geschlossenheit einer unverwechselbaren Unternehmenssprache. Neben Corporate Design hat das geschriebene Wort eine übergeordnete Leitfunktion. Texte, die in Unternehmen, Behörden und Institutionen verfaßt werden, dürfen nicht länger Zufallsprodukte sein, sondern ein Kommunikationsinstrument, das der Unernehmensidentität und seinem Image zugute kommt.

Hans-Peter Förster bringt das Alphabet gerne in Unordnung und formt es zu Wörtern, Sätzen oder Konzepten. Seine Arbeiten haben alle das gleiche Ziel: "informieren, darstellen, bewegen und konfrontieren." Er hat zahlreiche Fachbücher über Pressearbeit, Medien und Kommunikation verfaßt und Corporate Wording® entwickelt.

Hans-Peter Förster

Corporate Wording

Konzepte für eine unternehmerische Schreibkultur

Campus Verlag
Frankfurt/New York

Die Deutsche Bibliothek - CIP-Einheitsaufnahme

Förster, Hans-Peter:
Corporate wording : Konzepte für eine unternehmerische Schreibkultur / Hans-Peter Förster. - Frankfurt/Main ; New York : Campus Verlag, 1994
ISBN 3-593-35158-7

Einbandgestaltung, Typografie, Grafik, Satz, Umbruch:
Charlotte Fröse, Grafik-Design, Görwihl
Gestaltung des Corporate Wording Logos: Steffen Schauberger, Typograf, Krefeld
Belichtung: PP Fotosatzservice GmbH, Rheinfelden
Druck und Bindung: Friedrich Pustet, Regensburg
Gedruckt auf säurefreiem und chlorfrei gebleichtem Papier.
Printed in Germany

VORWEG...

...das Wagnis, in 10 Zeilen Corporate Wording zu einem neuen Gattungsbegriff zu kneten und rundzuformen - und zwar so, daß es allen Lesern passen möge:

Phantastisch, sagt die Spontaneität.
Sinnvoll, sagt die Vernunft.
Investitionswürdig, sagt die Berechnung.
Undurchführbar, sagt die Angst.
Aussichtslos, sagt die Einsicht.
Lächerlich, sagt der Stolz.
Überlegenswert, sagt die Vorsicht.
Denkbar, sagt die Erfahrung.
Corporate Wording ist was es ist,
sagt der Autor.

sehr frei nach Erich Fried

Die Dramaturgie zum Aufbruch einer unternehmerischen Schreibkultur stellt sich in zwei Akten dar:

1. Das Fundament
2. Die Methode

Ein erkenntnisreiches Leseerlebnis
wünschen Ihnen

Hans-Peter Förster
und die Menschen bei Campus

INHALT

1. DAS FUNDAMENT

BASIS	**Bilanz**	Märchen und Realität	8
		Kommunikationsdefizite	12
	Corporate...	Texte haben einen Corporate Anspruch	18
WISSEN	**Sprache**	Inhalte und Beziehungen	30
	Schrift	Typografie ist Kommunikation	34
	Bilder	Vom Bild zur Schrift und zurück	42
	Sinne	Multisensorische Kommunikation	70
	Erwartungen	Wahrnehmung und Beurteilung	78
	Typologie	Grundmuster des Verhaltens	88
		Erfolg beruht auf Erkenntnis	89
		Psychologische Typenansprache	92

INHALT

2. DIE METHODE

WERKZEUGE	**Farben**	Farbstifte zur Text-Analyse	118
	Wörter	Typologisches Wörterbuch	124
PRAXIS	**Team**	Teambildung	132
	Analyse	Zusammentragen von Schriftstücken	138
		Checkliste zum Schriftgut	139
		Fragebogen zum Schriftgut	140
		Fragobogen zur Text-Analyse	140
		Fragebogen zur Analyse von Konkurrenz-Texten	143
	Instruktion	Inhalte festlegen	146
	Index	Schriftliche Vorgaben	156
		Menü 1: Verbraucher-Erwartungen	157
		Menü 2: Händler-Erwartungen	161
		Index-Kartei	162
	Manual	Anweisungen für Firmenautoren	168
		Vorwort	170
		Inhalt	171
		Thesen	172
		Unternehmen	174
		Wörterbuch	177
		Umgangssprache	180
		Geschäftsbericht	181
		Korrespondenz	183
		Presseinformationen	192
ANHANG		Literaturquellen	193
		Weitere Quellenhinweise	195
		Stichwortverzeichnis	196

BILANZ

Märchen und Realität

Es war einmal ein Unternehmen, das hieß BLAU AG.
Dort war alles blau:
Die Schreibtische, die Ordner, die Kantine -
ja, selbst die Blumen im Empfang.
Alle arbeiteten zwischen kühlem Glas, kaltem Chrom
und blauem Schleiflack.

Was auch immer die Firma anzubieten hatte,
wurde in Prospekten und Broschüren technisch umschrieben:
Ob es Autos, Fotoapparate, Computer, Sportschuhe,
Rasenmäher, Haushaltsgeräte oder etwas ganz anderes.

Die rational denkenden Manager stellten ihre
Zahlen und Fakten in den Vordergrund,
denn ihre Marken-Vision hieß »Technik«.
Alles, worüber geredet und geschrieben wurde,
war sachorientiert.
Auch in Briefen vermittelten sie mit
unverständlichen Floskeln ihre »Blue-Identity«.

Früher war die BLAU AG eine große, bekannte Marke.
Längst hatte sich Rost angesetzt, nur: keiner merkte es!
Die Kunden zeigten Unverständnis und Kaufunlust,
denn sie waren auf der Suche nach vielseitigeren Informationen.
Aber die fanden sie bei der BLAU AG nicht.

Von alldem spürten die Verantwortlichen
im blauen Nadelstreifen nichts.
Nie wären sie auf die Idee gekommen,
daß es auf der Welt noch etwas anderes außer Technik gibt.

In einem fernen Land lebte ein Wort-Zauberer.
Er liebte farbige, phantasievolle Briefe, Anzeigen und Prospekte.
Seine Wörterwelt konnte ihm nicht bunt genug sein.
So kam es dann auch, daß er beschloß,
der BLAU AG ein rotes Wörterbuch zu zaubern.

Das Buch mit roten Wörtern landete genau auf dem
Schreibtisch eines Managers.
Er las darin viele rote Wörter, die in ihm
mannigfaltige Gefühle und Emotionen weckten:

Teamgeist, Wärme, Geborgenheit, Moral, Ethik,
Natur, Familie und vieles mehr.
"Was für angenehme Klänge!" dachte er,
"Wie im Märchen."

Am anderen Morgen hatte das gesamte
Management von dem roten Wörterbuch erfahren.
Ungeduldig und erwartungsvoll lasen sie Wort für Wort.
Sie spürten den Lebensgenuß,
der in den roten Wörtern steckte.

Das gefiel dem Wort-Zauberer.
Am nächsten Tag zauberte er wieder ein Wörterbuch in die BLAU AG.
Dieses Mal ein strahlend gelbes.
Es fiel dem Geschäftsführer direkt vor die Nase.
Spontan ergriff er es und las darin.
Die prickelnde Atmosphäre, die er dabei intuitiv erlebte, faszinierte ihn.

Er fühlte sich verändert,
entdeckte plötzlich eine Erlebniswelt um sich herum
und impulsiv bekam er Lust auf Abenteuer und Zeitvertreib!
Unbekümmert ließ er sich von den gelben Wörtern leiten,
voller Einfallsreichtum ging er an die Arbeit.

Diese Neuheit sprach sich schnell herum.
Manchen gefielen die gelben, individuellen Wörter besser.
Einige aber fanden die roten Wörter viel reizvoller.
Andere wollten weder von dem gelben
noch von dem roten Wörterbuch etwas wissen
und hielten lieber an ihrer kühlen, blauen Wortarmut fest.

Es dauerte aber nicht lange, bis sich einer von ihnen entschloß,
sich mit den farbigen Wörterbüchern näher zu befassen.
Er trug sein blaues in der einen Hand
und griff mit der anderen nach dem gelben.
Beide Wörterbücher legte er auf einen Tisch.
Und da geschah etwas seltsames.
"Schaut nur, schaut!" rief er den anderen zu.
"Eben lagen hier noch zwei Bücher und plötzlich sind es drei.
Das muß Zauberei sein."

*Einer der ganz Eifrigen blickte auf das fremde Buch.
Es war grün. Er las den Titel vor:
"Das grüne Wörterbuch. Wörter über Garantie,
Zuverlässigkeit, Gewissenhaftigkeit und Sorgfalt."*

*Alle verstanden sofort:
Genau das hatte ihnen in ihrer Firma noch gefehlt.*

*Aus dem blauen Unternehmen der rationalen Einfalt
wurde eine sinnenreiche Unternehmung
der impulsiven und emotionalen Vielfalt.*

*Längst haben unzählige blaue, grüne, gelbe und rote
Wörterbücher ihren Platz in allen Abteilungen gefunden.
Und jeder formt aus den vielen Wörtern farbig klingende
Brief- und Werbetexte.*

*In der BLAU AG hatte man etwas sehr wesentliches gelernt:
Niemand kommt ohne den farbigen Wörterreichtum aus.
Denn Kunden sind verschiedenartige Menschen.
Und je mannigfaltiger das Unternehmen informiert,
desto wacher wird das Interesse bei*

*rationalen Perfektionisten,
traditionellen Konservativen,
kreativen Impulsiven
und lebensbewußten Emotionalen.*

***Man sagt, aus dieser Erkenntnis heraus
sollen inzwischen immer mehr Firmen
die farbige Wörtervielfalt als neue Schreibkultur
ihrer Kommunikationsplanung vorangestellt haben...***

Schreiben heißt sich selber lesen.

Wassili Schukschin
Gesehen bei: Zanders Feinpapiere AG

BILANZ

Kommunikationsdefizite

Viele Wirtschaftsunternehmen haben überzeugende Programme zur Corporate Identity realisiert. Die Erfahrungen zeigten, daß keinesfalls immer vom Start weg ein komplettes CI-Paket installiert werden konnte. Oft war es unumgänglich, mit Einzelmaßnahmen zu beginnen, die aus aktuellem Bedarf entstanden sind. So ist auch heute bei akuten Kommunikationsdefiziten schnelles Handeln wichtiger als ein umfassendes CI-Fundament, dessen Konzeption und Implementierung naturgemäß Zeit beansprucht. Fehler - große und kleine Kommunikationsdefizite - lassen sich erfassen und können bewußt gemacht werden. Lösungskonzepte lassen sich entwickeln, wenn nach den Ursachen geforscht wurde. Aus den Ergebnissen leiten sich Maßnahmen ab, die dann zu realisieren sind. Ein erhebliches Defizit in der Kommunikation deckte zum Beispiel eine Umfrage in der Radio-Fernseh-Branche zur Vertriebs,- Sortiments- und Servicepolitik auf. Von insgesamt 26 Anbietern erreichten Loewe Opta, Sony und Blaupunkt für ihr Design die Spitzenplätze 1 bis 3. Ganz anders die Plazierungen in der Disziplin Beratung und Kulanz:

Loewe Opta	1.	in Design	Note	1,43
	4.	in Beratung/Kulanz	Note	2,48
Sony	2.	in Design	Note	2,07
	25.	in Beratung/Kulanz	Note	4,38
Blaupunkt	3.	in Design	Note	2,09
	9.	in Beratung/Kulanz	Note	2,89

Quelle: rf-brief 1/94

"Wenn die Balance nicht stimmt, wird es höchte Zeit zu handeln", so Benno Keysselitz in der Konferenz »Integrierte Kommunikation als Produktivfaktor«. Keysselitz, bekannt durch die Realisierung vieler CI-Konzepte, nannte in seinem Vortrag gute Beispiele, die Anlaß zum Handeln geben.

Ein Geschäftsführer:	"Unsere besondere Kompetenz liegt in der Energieberatung."
Seine Mitarbeiter:	"Unsere Kompetenz liegt • im Bau von Leitungen • im Regulieren der Abnahmemengen • im Kontrollieren • im Schreiben von Rechnungen."
Die Kunden:	"Deren Beratung geht an unserer Praxis vorbei. Andere können das besser."

Ein Geschäftsführer:	"Zu unseren Kunden haben wir beste partnerschaftliche Beziehungen."
Seine Mitarbeiter:	"Für Kundenbetreuung stehen intern zwei Mitarbeiter zur Verfügung."
Die Kunden:	"Die reden mit uns über ihre eigenen Probleme, nicht über unsere."

Eine Geschäftsleitung:	"Wir sind kreativ, sehr kundenorientiert, Trendsetter in Qualität und einer der drei Größten Europas."
Die Kunden:	"Für uns ist er ein Anbieter unter 20." "In der Kreativität laufen sie hinterher." "Bei ihren Entwicklungen fragen sie uns nicht."

Hier zeigen sich die Schwächen und Unklarheiten in:

- einem fehlenden Leitbild
- unpräzise formulierten Kompetenzen
- undeutlichen Zielsetzungen
- einer mangelnden Abgrenzung gegenüber Konkurrenten

Die Mängel finden sich in vielfältiger Form wieder:

- im visuellen Erscheinungsbild
- im Verhalten der Mitarbeiterinnen und Mitarbeiter
- im Stil der Vermittlung von Unternehmenskompetenz
- im Stil und Inhalt der Informations- und Werbemittel

Mit der Größe eines Unternehmens werden seine Strukturen komplexer. Gleichzeitig nehmen für den einzelnen Mitarbeiter Überblick und Vertrauen ab. Er erlebt »sein« Unternehmen nur noch ausschnitthaft. Folglich fällt es schwer, die Reichweite der eigenen Entscheidungen für das gesamte Unternehmen zu erkennen und die Argumente zu verstehen, die aus anderen Abteilungen oder vom Markt her kommen.

Entsprechende Redewendungen machen Distanz deutlich:

"Die Spinner vom Marketing"
"Die kurzsichtigen Vertriebler"
"Die Produktions-Banausen"
"Die Träumer in der Entwicklung"

Unternehmen haben eine breite und permanent aktualisierte Informationsbasis, um erfolgreich am Markt zu agieren. Stockt dieser Wissensfluß, kommt es bei den Marktpartnern zu einer »Wissenslücke«. Wird der Wissensfluß nicht als Ausdruck einer engagiert verfolgten Strategie erkannt, führt dies zu Irritationen und - noch schlimmer - zur Austauschbarkeit von Angebot und Leistung. In jeder Information will der Kunde, aber auch der Mitarbeiter, die Kompetenz des Unternehmens spüren. Einerseits um in seiner positiven Vorstellung zum Unternehmen bestätigt zu werden und andererseits die richtige Entscheidung treffen zu können.

Gravierend sind oft die Unterschiede
- zwischen dem, was ein Unternehmen in seiner Kommunikation behauptet, und dem, was davon im Markt verstanden wird
- zwischen dem, was ein Unternehmen kann, und dem, was der Markt darüber weiß
- zwischen dem, wie ein Unternehmen sein Kundenverhalten wertet, und dem, wie der Markt dieses Verhalten empfindet.

Quelle: Keysselitz GmbH, München

Die Defizite im Fremdbild sind dabei grundsätzlich größer als die im Eigenbild. Letztere nimmt man ungern wahr. Defizite im Fremdbild kennt man nicht. Diese zu erfassen, bedeutet, sie bewußt zu machen. Zum Ausdruck von Unternehmenskompetenz ist eine griffige, eindeutige Sprache und deren Konstanz erforderlich. Das folgende Beispiel zeigt, wie genau Gegenteiliges praktiziert wird: Von einem Wertewandel im Lebensstil und einer kreativen, innovativen Unternehmenspolitik ist in dem Brief nichts zu spüren. Amtsfloskeln wie »wunschgemäß«, »in der Anlage« und »einstweilen« stehen im krassen Gegensatz zu dem Schriftstück über die neue Produktkultur.

Das sagt Boss über sich:

Alle reden von Rezession, von Konjunkturabschwung, von wirtschaftlichen Problemen, und alle sehen Grund dazu. Wir verstehen die Zukunft, so kompliziert sie sich auch ankündigen mag, als eine positive Herausforderung. Und wir sind gerüstet, darauf zu reagieren: mit unserer Unternehmenspolitik, in der kreative und innovative Kräfte den Vorrang haben.
Eine der wichtigsten Maßnahmen zur Zukunftssicherung von Hugo Boss besteht darin, den Wertewandel im Lebensstil der neunziger Jahre in eine neue Produktkultur und in ein dafür maßgeschneidertes Marketing umzusetzen.

So kann ein Boss Brief klingen:

Sehr geehrter Herr Förster,

wunschgemäß übersenden wir Ihnen in der Anlage einige Fotos von "HUGO", "BOSS" und "BALDESSARINI" der Frühling/Sommerkollektion 1994.
Sollten sie darüber hinaus weitere Fragen haben, können Sie uns selbstverständlich jederzeit anrufen.
Für Ihre Anfrage einstweilen herzlichen Dank!

Mit freundlichen Grüßen
HUGO BOSS AG

Quelle: BOSS AG

Jeder Brief ist Werbung - negativ oder positiv. Vor Jahren erhielt der Autor vom damals "unmöglichen Möbelhaus aus Schweden", IKEA, auf eine Anfrage hin folgendes unmögliche Angebot:

Ihre Anfrage vom 01.d.M., bei uns eingegangen am 04.d.M.

Sehr geehrter Herr Förster,

für Ihre o.g. Anfrage sagen wir Ihnen unseren verbindlichen Dank, müssen Ihnen jedoch mitteilen, daß wir keine Staffelpreise haben. Bitte entnehmen Sie, anhand des Angebotes, die gültigen Preise.

A N G E B O T

Penna Büroklammer	Art.Nr.: 379-539-00	Einzelpreis: 2,95 DM
100 Stück	à DM 2,95	295,00 DM
250 Stück	à DM 2,95	737,50 DM
500 Stück	à DM 2,95	1.475,00 DM
1000 Stück	à DM 2,95	2.950,00 DM
		5.457,50 DM
	+ Frachtkosten	75,00 DM
	Gesamt:	5.532,50 DM incl. MwSt.

Kompetenz in der Schreibkultur zeichnet sich dadurch aus, daß ein Unternehmen dialogfähig ist. Das vorgenannte Beispiel vermittelt genau das Gegenteil. Andere stellen ihre schriftliche Kompetenz bewußt in den Vordergrund. Ein Beispiel von Typograf Steffen Schauberger, dem Gestalter des Corporate Wording Logos, der zusammen mit seiner Arbeitsgemeinschaft »TRIO« einen neuen Weg gegangen ist. Auf der Rückseite seines Briefbogens (der ja gewöhnlich unbedruckt ist) steht auf türkisem Untergrund in weißen Lettern:

Auf der Flöte meiner bunten und weiten Wahrnehmung
rufe ich genau die »Typen« herbei
die für genau Sie aufs Beste wirken

Auch die Rückseite seiner Visitenkarte enthält ein aufschlußreiches Sprachspiel:

Auf nachprüfbarer Grundlage Neues erproben,
Zukünftiges erträumen und
das Machbare gemeinschaftlich realisieren
mit dem Ziel,
eine menschenwürdige Welt zu gestalten

Corporate Wording unternimmt den Versuch, sich systematisch mit der fortschrittlichen Schreibkultur zwischen Unternehmen, Mitarbeitern und Kunden auseinanderzusetzen,

- im Stil der Formulierung
- im gewählten Wortlaut
- in der individuellen Textfassung.

Das kann doch nicht immer so weite

Das kann doch nicht immer so weite

kann doch nicht immer so weite

nn doch nicht immer so weite

n doch nicht immer so weite

doch nicht immer so weite

ch nicht immer so weite

ch nicht immer so weit

immer so weite

r so weite

eite

ite

kann immer kann Das weiter immer nicht kann gehen doch so Das so weiter doch Das nicht doch so weiter aber

Quelle: Hans Manz, in: "Die Welt der Wörter", Beltz & Gelberg

gehen Es geht aber immer so weiter
gehen Es geht aber immer so weite
gehen Es geht aber immer so wei
gehen Es geht aber immer so w
gehen Es geht aber immer so
gehen Es geht aber immer so
gehen Es geht aber immer
gehen Es geht aber
gehen Es geht
gehen Es ge
gehen E
gehen

Es geht
doch
aber
nicht
gehen
so weiter
Es geht
nicht
immer
aber
doch
kann
immer
Das
so weiter
immer
so weiter
geht

CORPORATE...

Texte haben einen Corporate Anspruch

Als man CI erfand, da war die Sprache im Urlaub

Gerhard Bungert, in: "Weiter im Text", Orell Füssli

"Die Identität des Unternehmens muß so klar sein, daß sie zum Maßstab wird für seine Produkte, für sein generelles Handeln wie für einzelne Maßnahmen. Das heißt, Identität kann nicht bloß ein Slogan sein, eine Reihe von Schlagworten; sie muß sichtbar, greifbar und allumfassend sein", erklärt *Wally Olins* in seinem Buch *Corporate Identity* und definiert das so: "Alles, was die Organisation tut, muß ihre Identität bekräftigen. Die Produkte, die das Unternehmen herstellt oder verkauft, müssen seine Normen und Werte vermitteln. Die Gebäude, in denen es Leistung erbringt und anbietet, seine Büros, Werke und Ausstellungsstücke - ihr Standort, wie sie möbliert und instandgehalten werden - sind allesamt Ausdruck der Identität. Das Kommunikationsmaterial der Firma, von der Werbung bis hin zur Bedienungsanleitung, muß von einheitlicher Qualität sein und in seinem Charakter die gesamte Organisation mit ihren Zielen genau und eindeutig widerspiegeln."

Dieses von Olins umschriebene Corporate-Gebilde läßt sich etwa so visualisieren:

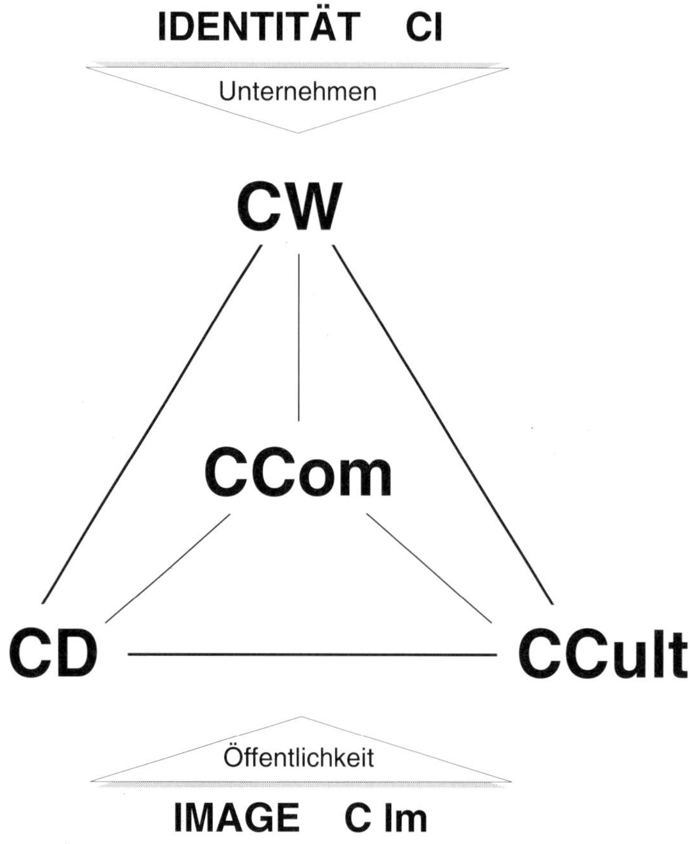

Corporate Identity **CI**	Die Standortbestimmung des Unternehmens (Vision, Grundsätze, Geschichte, Wirklichkeit)
Corporate Communications **CCom**	Zusammenfassung aller Kommunikationsbereiche als strategisches Kommunikationsinstrument, das Inhalte von Identität, Kultur, Sprache und Design bündelt und aufeinander abstimmt.
Corporate Culture CCult	Gelebte Unternehmenskultur (Führungsstil, Verhaltensstil, Wertesystem, Geist des Hauses u.a.)
Corporate Wording CW	Schriftliches Erscheinungsbild (Gestaltung von Sprachstil, Wortlaut und Textfassung in Korrespondenz, Drucksachen, Anzeigen, Presseinfos, Reden, Mitarbeiterinformationen u.a.)
Corporate Design CD	Visuelles Erscheinungsbild, sinnlich wahrnehmbar durch Sehen, Hören, Fühlen usw. (Gestaltung von Wort- und Bildzeichen, Hausfarben, Typografie, Drucksachen, Produktgestaltung, Fuhrpark, Messestand u.a.)
Corporate Image **C Im**	Fremdbild, das sich die Öffentlichkeit von außen über das Unternehmen macht.

Im Mittelpunkt:
●
Der Dialog!

Hypo-Bank

Kommunikation ist immer persönlich. Ob man einen Bericht formuliert, eine Rechnung schreibt oder eine Broschüre verschickt: immer steht auf der anderen Seite, wenngleich unsichtbar, ein Partner, der reagiert. Zufrieden, unzufrieden, positiv, frustriert oder irgendwo dazwischen. Kommunikation ist der vierte Produktivfaktor neben Kapital, Arbeit und Boden. Unternehmen sind Kommunikationsgebilde und das Verhalten ihrer Mitarbeiterinnen und Mitarbeiter gegenüber Außenstehenden ist ein Resultat ihrer internen Kommunikationsverhältnisse - im Positiven wie im Negativen. Umgekehrt bedeutet dies, daß Kundenorientierung nicht nur eine Forderung für das Denken und Handeln nach außen ist, sondern ebenso Maxime im Innenverhältnis. Für Corporate Wording heißt das, die Reaktion des Kommunikationspartners vorausschauend wahrzunehmen, um seine Fragen zu beantworten, bevor er sie überhaupt stellt. "Wir wollen den Dialog als Prinzip und Einstellung zu einem Kennzeichen unserer Unternehmenskultur machen." Diese Aussage ist Leitsatz für die Kommunikation der Hypo-Bank in der Hypo. Kommunikation ist im Führungskonzept der Bank definiert:

Unser Führungshandeln bedeutet Kommunikation. Kommunikation ist verantwortungsvoller Umgang miteinander. Ziel jeder Kommunikation ist das Erreichen eines gemeinsamen Verständnisses. Kommunikation ist nur bei gegenseitiger Achtung und Anerkennung möglich.

Die Art und Weise, wie interne Kommunikation in einem Unternehmen abläuft, ist der direkt wahrnehmbare Ausdruck der herrschenden Unternehmenskultur; umgekehrt prägen die Kommunikationsprozesse die Kultur eines Unternehmens. Das heißt, Veränderungen der Unternehmenskultur sind nur über eine Neustrukturierung der internen Kommunikation möglich.

Die konkreten Kommunikationsabläufe in einem Unternehmen sind das Abbild der jeweiligen Kommunikationskultur. Sie bestimmt zum Beispiel, wie jemand in einem Unternehmen an den Entscheidungsprozessen beteiligt wird, auf welche Informationen er zugreifen darf oder welche Möglichkeiten des Kontakts er nach »oben« und über Abteilungsgrenzen hinweg hat.

Für die Kommunikationsarbeit bedeuten diese Zusammenhänge, daß sich mit einzelnen Kommunikationsmaßnahmen nicht über den Schatten der bestehenden Kommunikationskultur springen läßt. Wird bei der Planung die Kommunikationskultur des Unternehmens nicht berücksichtigt, sind die einzelnen Kommunikationsmaßnahmen - zu denen auch Corporate Wording gehört - zum Scheitern verurteilt. So wird man in einem autoritär geführten Unternehmen weder ein geeignetes Instrumentarium noch die entsprechende Bereitschaft der Beteiligten finden, um zum Beispiel eine dialogorientierte Kommunikationsmaßnahme durchzuführen.

Woran muß sich Mitarbeiterkommunikation orientieren?

- Unternehmensgrundsätze/Unternehmensziele
- Führungsgrundsätze
- Unternehmenskultur, Normen, Werte, Regeln
- Corporate Design
- Corporate Wording
- Kommunikations-Infrastruktur
- Einstellung und Verhalten der Mitarbeiter
- Allgemeine gesellschaftliche Normen und Werte

in Anlehnung an die HYPO-BANK

Corporate Communications ist die Zusammenfassung aller Kommunikationsbereiche eines Unternehmens, die sich mit Information und Marktdurchsetzung beschäftigen. Eine Untersuchung der GP Forschungsgruppe, Grundlagen- und Programmforschung, München,

1990, zeigte, daß nur 26 Prozent der befragten Unternehmen Corporate Communications im eigentlichen Sinne ausüben. Bei weiteren 41 Prozent ist dies in Planung. 3 Prozent hatten angegeben, daß sie Corporate Communications schon versucht haben, aber damit erfolglos geblieben sind. Von 30 Prozent der Unternehmen werden Corporate Communications als nicht sinnvoll betrachtet bzw. kommen für diese Unternehmen nicht in Frage. Diese Unternehmen realisieren nur einzelne Elemente der Corporate Communications, und zwar 71 Prozent Corporate Design und 59 Prozent Corporate Identity.

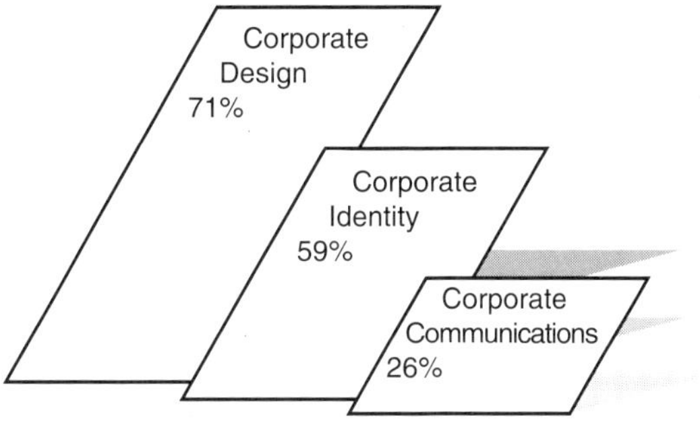

Quelle:
GP Forschungsgruppe und wbpr, Gesellschaft für PR und Marketing, München

Die Alltagskorrespondenz der meisten Firmen oder Behörden ist der beste Spiegel der schriftlichen Kommunikation: überwiegend *angepaßt, traditionell* und *passiv.* Nur in der Werbung sind die Bestrebungen nach sinnfälligen Texten erkennbar.

Nach dem Rezept »Differenzierung durch Originalität« hat Swatch seit 1985 rund 80 Millionen Uhren ausliefern können. Identifikation wird dem Verbraucher durch die Vielfalt an Designs, Gestaltungen, Lebensstilen, Geschmacks- und Empfindungswelten ermöglicht. Das Swatch Design bestimmt auch den Sprachstil, der die Unternehmensidentität ganz erheblich mitprägt. Die Texte lesen sich, wie die Uhren aussehen, individuell, spritzig - eine semantische Visualisierung des Produktdesigns. Swatch ist nach eigenen Angaben die fünfte Nationalsprache der Schweiz geworden: Schweiz, Suisse, Svizzera, Svizra und Swatch. Aber auch in Deutschland ticken einige Armbanduhren besser als bei der von der Rezession gebeutelten Konkurrenz. Junghans hat in seinen Botschaften über Funk-Solar-Uhren Tradition, Vision und Zeitgeist - im wahrsten Sinne des Wortes - verknüpft. "Uhren mit Ideen", lautet seit 1990 die Kernaussage. Das über 130 Jahre alte Unternehmen gilt heute als die führende, moderne Uhrenmarke, die durch TV-Spots mit Technik und Emotionalität Junghans jünger gemacht hat. Auch in der Modewerbung reflektiert der Zeitgeist: Authentizität und Bescheidenheit heißt der neue Auftritt. So hat Joop das Glatte und Gefällige verbannt. Boss hat die Männer aus dem richtigen Leben ins Fotostudio geholt, um den authentischen Anspruch zu erfüllen. In dem Editorial eines Möbelkataloges für natürliches Wohnen der österreichischen »Team 7« wird das neue Bewußtsein direkt angesprochen:

> *Es ist noch nicht lange her, da dachten die Menschen,*
> *daß das Ende der Welt der Horizont des Meeres sei.*
> *Einige Zeit später hatten sie das Gefühl, daß alles möglich ist,*
> *alles erreichbar, und daß der Mensch die Ziele festsetzt.*
> *Nur weil er mit einer kleinen Rakete auf den*
> *Mond geflogen war.*
> *Heute aber haben wir begreifen gelernt,*
> *wo die tatsächlichen Eckpunkte unseres Kosmos' liegen.*
> *Nicht im Bereich des Machbaren, sondern im Verantwortbaren*
> *und im Rahmen einer neu definierten Vernunft.*
> *So ist es kein Wunder, daß wir in einer Zeit leben,*
> *die uns wieder zurück in die eigenen vier Wände führt.*
> *In unsere Welt, die Geborgenheit und Entspannung vermittelt.*
> *Die Entwicklung unserer Gesellschaft hat uns die Richtung gewiesen, nun liegt es an jedem einzelnen, sich innerhalb seines Wohnraums einen Kosmos zu schaffen, bei dem die Menschen Fixsterne sind und die Umgebung ein Planetarium voll Natürlichkeit und Beständigkeit. Somit wird Wohnen zu einem der wesentlichen Bausteine einer neuen Lebensphilosophie...*

Ganz anders haben langfristig-strategische Marken wie Sony den emotionalen Führungsanspruch übernommen: international und konsequent im Vorgehen, *selbstbewußt* im Auftritt und *identitätssicher* in der Kernaussage: *It's a Sony.* Von Sony geprägt wurden auch Produktbezeichnungen wie *Walkman* und *Discman* oder das Sortiment für die Kids: *My first Sony.*

Das neue Evangelische Gesangbuch für Bayern und Thüringen soll die Identität der Kirche ausdrücken. Mit neuen Strukturen und neuer Gestaltung will man den Zugang zu gewohnten, aber auch "verlorenen" Inhalten öffnen. Die religiöse und meditative Botschaft der Kirche erreicht nur noch schwer ihre Zielgruppen. Ein zeitgerechter Zugang

Eine neue Gestaltung eröffnet den Zugang zu wichtigen, aber verborgenen Inhalten.
Konzept: Keysselitz GmbH, München.

in Text und Bild soll den Einstieg in die kirchlichen Themen erleichtern. Texte von Schriftstellern, Philosophen und Wissenschaftlern bieten Facettenreichtum an Ansichten und Einsichten. So erleichtern Gedichte zeitgenössischer Lyriker und Künstler der klassischen Moderne wie Paul Klee den Zugang zum Buch. Schriftgestaltung und Farbkennung erleichtern dem Benutzer den Umgang mit dem Buch. Die Perspektive: Nicht nur Signale ungebrochener Tradition, sondern auch Signale neuer Dynamik setzen. Es ist hier die Aufgabe der Kommunikation, selbstverständliche kirchliche Leistungen als beachtenswerte Leistungen zu vermitteln.

Doch zurück zum alltäglichen Standard. Hier können die Botschaften ein und desselben Absenders höchst unterschiedlich klingen: einerseits flotte Werbe- und Verkaufssprüche, andererseits steife Dialekte in Geschäftsberichten, technisches Unverständnis in Produktbeschreibungen und trockene Tonalitäten in der gesamten Korrespondenz. Die Geschlossenheit einer unverwechselbaren Unternehmenssprache bildet in diesem Buch die Meßlatte einer künftigen marktdurchdringenden Corporate Identity. Neben Corporate Design muß endlich dem geschriebenen Wort eine übergeordnete Leitfunktion eingeräumt werden. Die Gegenüberstellung der Eigenschaften von Zeichen (CD) und Text (CW) verstärken die Überzeugung des Autors, daß Texte zu Recht einen Corporate-Anspruch stellen müssen.

Gestaltung	Text
gestaltetes Zeichen/ Signum	formulierter Inhalt/ Wortlaut
+	+
Bildhaftigkeit Konkretheit Bedeutungsgehalt	Bildhaftigkeit Konkretheit Bedeutungsgehalt
+	+
Anmutung	Verständlichkeit
=	=
Corporate Design CD	**Corporate Wording CW**

Die Schreibkultur soll nicht weiter kreative Spielerei für den einzelnen und hirnlose Texterei oder »Corporate Egozentrik« für alle anderen bleiben. Die wenigen guten Beispiele in diesem Buch dürfen den Leser nicht darüber hinwegtäuschen, daß die Schriftsprache im Bewußtsein der meisten Manager bislang sträflichst vernachlässigt wird. Texte, die in Unternehmen, Behörden und Institutionen produziert werden, dürfen nicht länger Zufallsprodukte sein. Denn schriftliche Inkompetenz kann sich heute keiner mehr leisten. Der wirtschaftliche Schaden, der jährlich durch nachlässigen Text-Einheitsbrei in Korrespondenz, Produktbeschreibungen oder Geschäftsberichten entsteht, ist nicht zu erfassen, aber jede gewinnorientierte Unternehmung wird in Folge gesättigter Märkte, austauschbarer Produkte, geänderter Wertorientierung und beträchtlicher Informationsflut auf die Durchdringung ihrer Texte angewiesen sein. Der schillernde Lifestyle-Konsum hat sich zur selbstbewußten Individualität gewandelt. Die Treue an eine Marke ist einer individuellen Stilentwicklung gewichen. Behagliche Farben rangieren vor Chrom und Schleiflack. Nestbau schafft Geborgenheit: nach innen wohnlich, nach außen unauffällig. Einst große Märkte sind zu engen Nischen geschrumpft. Die emotionale Beziehung zum Kunden, verbunden mit Glaubwürdigkeit, ist angesagt. Der Marktwert der unternehmerischen Schreibkultur wird rapide steigen. Corporate Wording ist somit keine neue Idee, sondern schlichte Notwendigkeit. Die Kultivierung der Schreibkultur verleiht dem Unternehmen mehr "Aus-Druck". Mit einem gezielten Vokabularium an Reizwörtern werden Dialoge gefördert, Emotionen vermittelt, Assoziationen geweckt und Kaufentscheidungen beinflußt. Corporate Wording benutzt die Wissenschaften von Gehirn- und Verhaltensforschung, Bildkommunikation (Imagery), Psycholinguistik sowie Ergebnisse aus Wortnormierungsstudien (Bildhaftigkeit, Konkretheit und Bedeutungsgehalt sowie Angenehmheit) und der psychologischen Farben- und Typenlehre. Besonderer Wert wird auf Praxis und Anwendung gelegt, die eingefahrene Denkstrukturen lösen soll.

Kommunikation ist die Kunst, so "Guten Tag" zu sagen, daß auch "Guten Tag" dabei ankommt.

WOB Marketing Kommunikation AG, Viernheim

Dieses »Guten Tag« steht im Mittelpunkt, wenn komplexe Kommunikationsaufgaben besonders für Technik- und Dienstleistungsmarken gelöst werden sollen. Denn auf der reinen Produktebene wird es immer weniger Spielraum zur Abgrenzung geben. Viel zu kurzfristig sind die Produktinnovationen, um darauf langfristige, erfolgreiche Unternehmensstrategien aufbauen zu können. Das Hauptaugenmerk liegt deshalb auf den relevanten Unterscheidungsmerkmalen, wie Service, Support und Marken-Image. Letzteres steht für die Ausstrahlungs- und Anziehungskraft eines Unternehmens und seiner Produkte. Die Kommunikation nach innen gewinnt einen neuen Stellenwert innerhalb der gesamten Unternehmenskommunikation. Fragen der Vernetzung wollen neu durchdacht sein, weil heute mehr als nur das Zusammenwirken von klassischer Werbung und Verkaufsförderung erwartet wird. Themen, die gesellschaftlich von Interesse sind, müssen in die Unternehmenskommunikation einfließen, um sich positiv im Wettbewerb abzugrenzen. Einfach und treffend im besten Sinne des Wortes. Und somit auch mit mehr Erfolg. Nur ein erfolgreicher Tag ist auch ein guter Tag.

Einen "Guten Tag" wünscht die WOB MarketingKommunikation in Anzeigen und Selbstdarstellungs-Broschüren. Auch die Verlagsgruppe Bauer grüßt so seit Jahren mit jedem einzelnen Brief, der die Versandstelle verläßt. Ein Freistempler wird hier als positives Kommunikationssignal genutzt:

Quelle: Bauer Verlagsgruppe

In der praktischen Umsetzung von Corporate Wording bieten sich in einem Unternehmen noch viele weitere Schriftstücke an:

Unternehmen

Firmenbezeichnung
Firmenportrait
Geschäftsbericht
Gebäudebeschriftungen
u.a.

Verwaltung

Personalabteilung
Stellenbeschreibungen
Stellenangebote
Mitarbeiterkorrespondenz
Zeugnisse
u.a

Buchhaltung
Rechnungen
Erinnerungen
u.a.

Werbung

Anzeigen
Produktanzeigen
PR-Anzeigen
u.a.

Druckunterlagen
Visitenkarten
Briefbögen
Kurzmitteilungen
Handouts
Faltblätter

Prospekte
Kataloge
u.a.

Mailings
Werbende Briefe
u.a.

Einladungen
Messen, Ausstellungen
Händler-Tagungen
u.a.

Öffentlichkeitsarbeit

Presseinformationen
Pressekorrespondenz
Rezensionen/Testmuster
Messe-Pressearbeit
Haus-/Kundenzeitung
u.a.

Marketing

Produkte
Produktbezeichnungen
Technische Daten
Gebrauchsanweisungen
Montageanleitungen
Garantiekarten
Verpackungen
u.a.

Korrespondenz
Angebote
Informationen
Rundbriefe
Anweisungen
u.a.

Vertrieb

Akquisitionsunterlagen
Präsentationsmittel
Argumentensammlung
Schulungsunterlagen
Zahlen und Fakten
u.a.

Angebote
Angebotsschreiben
Auftragsbestätigungen
Nachfaßbriefe
u.a.

Die nach außen gerichteten Schrift-Dokumente sollen den Kontakt zwischen Unternehmen und einer meist heterogenen Adressatengruppe oder zu einzelnen, oft persönlich unbekannten Empfängern, herstellen. Im direkten Dialog (face-to-face) kann die Erwartung des einzelnen Gesprächspartners ermittelt und durch treffende Argumentation gespiegelt werden. Anders im schriftlichen Dialog. Hier sind die Inhalte so aufzubereiten, daß der Empfänger auf jeden Fall die Antwort auf seine Erwartungshaltung findet. Die Kommunikation mit Corporate Wording basiert deshalb auf einer psychografischen, gehirn- und sinnenorientierten Wörterwahl. Dabei soll niemand in ein »Wörter-Korsett« eingeengt werden. Ganz im Gegenteil: Ziel ist die Förderung einer offenen und unbürokratischen, differenzierten und erwartungsorientierten, emotionalen und gefühlvollen, aber homogenen und wiedererkennbaren Unternehmenssprache.

Sprachwissenschaftlich könnte Corporate Wording als eine Mischung der folgenden wichtigsten Aspekte gesehen werden:

- als zweckrationale Kommunikation mittels Zeichen

- zur schriftlichen Mitteilung von Sachverhalten

- als schriftliche Form menschlicher Beziehungen

- als schriftlicher Ausdruck von Emotionen

Es gibt die

Muttersprache
Vatersprache
Kindersprache
Männersprache
Frauensprache
Erwachsenensprache
Familiensprache
Alltagssprache
Geheimsprache
Liebessprache
Haßsprache
Denksprache
Streitsprache
Falschsprache
Zwiesprache
Notsprache
Zahlensprache
Geldsprache
Machtsprache
Befehlssprache
Besitzsprache
Bildsprache
Schriftsprache
Zeitsprache
Spielsprache
Rätselsprache
Scherzsprache
Verkehrssprache
Blödelsprache
Wunschsprache

Quelle: Hans Manz, in: "Die Welt der Wörter", Beltz & Gelberg

SPRACHE

Inhalte und Beziehungen

Corporate Wording befaßt sich weniger mit der Struktur von Sprache oder einzelnen Wörtern (wie die Linguistik oder Grammatik), sondern mit ihrem Mitteilungsinhalt. Das in der Linguistik wohl bekannteste Kommunikationsmodell ist das Organonmodell des Psychologen Karl Bühler. Es unterteilt Sprache in drei Funktionen:

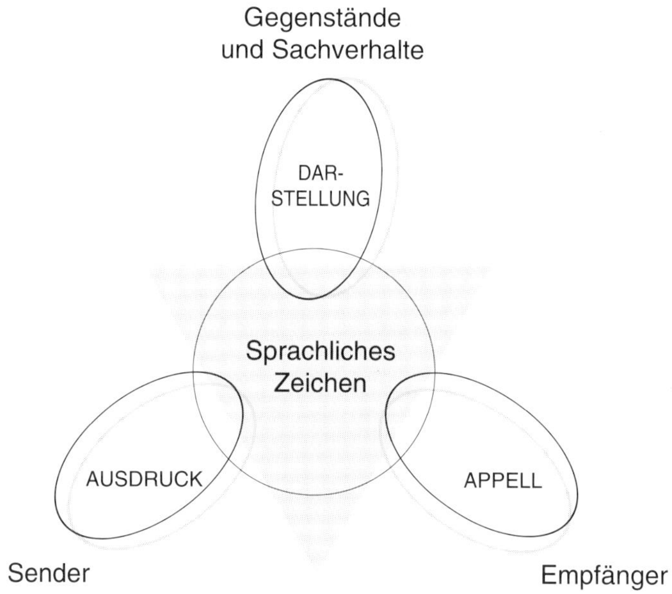

Quelle: Organonmodell, Bühler, 1934. Die drei Funktionen der Sprache: Ausdrucks-, Appell- und Darstellungsfunktion.

Erstens ist die Sprache ein Werkzeug, um einem anderen etwas über irgendwelche Dinge mitzuteilen, und erfüllt somit die Funktion des Ausdrucks. Zweitens ist sie Sprechereignis in der Beziehung zwischen Sender und Empfänger, wobei die Sprache beim Sender eine Appellfunktion (z.B. Aufforderung) übernimmt. Und Drittens dient Sprache zur präzisen Darstellung von Gegenständen und Sachverhalten. Das Organonmodell wurde inzwischen zu Modellen erweitert, in denen besonders das Sprechereignis in verschiedene Klassen unterteilt wurde: nach den Inhalten der Kommunikation, den physikalischen und psychischen Übertragungsbedingungen und den Sprachfaktoren stilistischer, ästhetischer und systematischer Natur. Das Zitat "Kommunikation hat einen Inhalts- und einen Beziehungs-Aspekt" von Paul Watzlawik wird heute noch gerne von Trainern in Seminaren benutzt. *Friedemann Schulz von Thun* hat in seinem Buch *Miteinander reden* die Sichtweisen von Watzlawik und Bühler erweitert und ein quadratisches Gebilde mit vier Seiten einer Nachricht entwickelt:

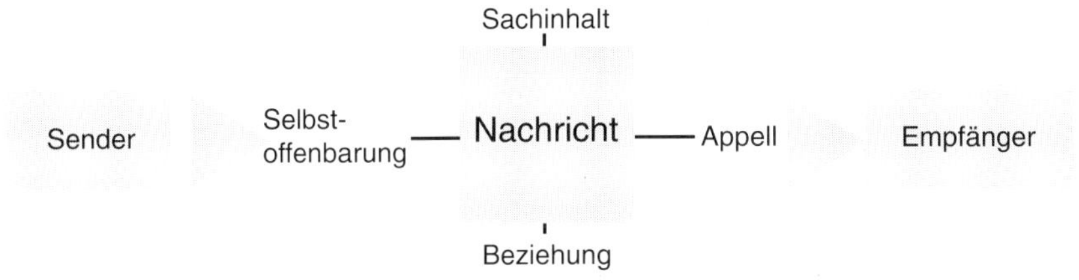

Quelle: Die vier Aspekte der Nachricht - ein psychologisches Modellstück der zwischenmenschlichen Kommunikation,Schulz von Thun, angeregt durch Bühler und Watzlawick

Beispiel:

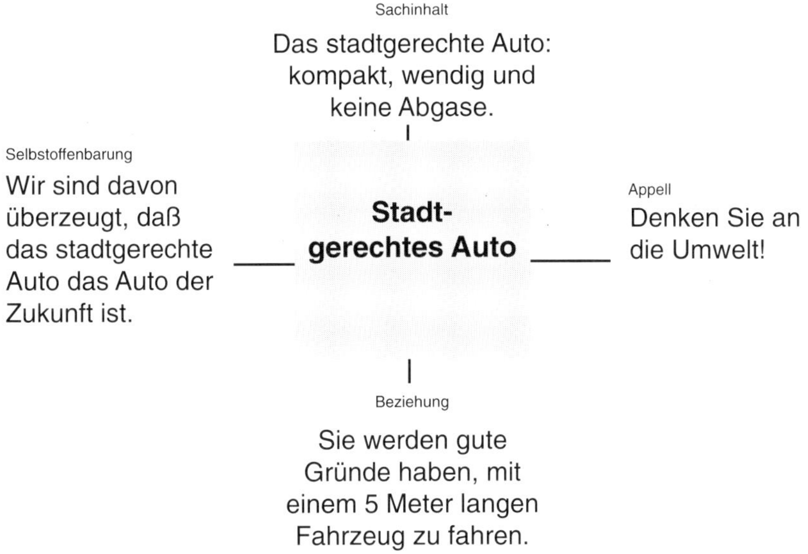

Auch Briefe, Anzeigen oder Prospekte senden Sachinformationen, vermitteln, wie das Unternehmen zu seinem Kunden steht, und versuchen, den Empfänger beim Denken, Fühlen und Handeln zu beeinflussen. Was die Sache recht schwierig macht: Das Unternehmen muß als »Nachrichtensender« stets alle vier Aspekte berücksichtigen, während der Empfänger entscheiden kann, auf welchem Ohr er hört. Schulz von Thun schreibt vom *vierohrigen* Empfänger.

Corporate Wording geht noch weiter und hinterfragt, welche eigenständigen Kennzeichen Wörter in Bezug auf Bewußtseinsinhalte, Bedeutungsgehalt und Sinneseindrücke haben. Auch Ergebnisse neuerer Gedächtnisforschung, über Speicherungs- und Abrufprozesse, lassen ökonomische Funktionen erkennen. Sprache ist nicht nur einfaches Transportmittel zwischen Sender und Empfänger, sie kann bei der Übermittlung auf dem schriftlichen Weg durch Verschlüsselung und Entschlüsselung ihren Standort wechseln:

Der schriftliche Kommunikationsvorgang

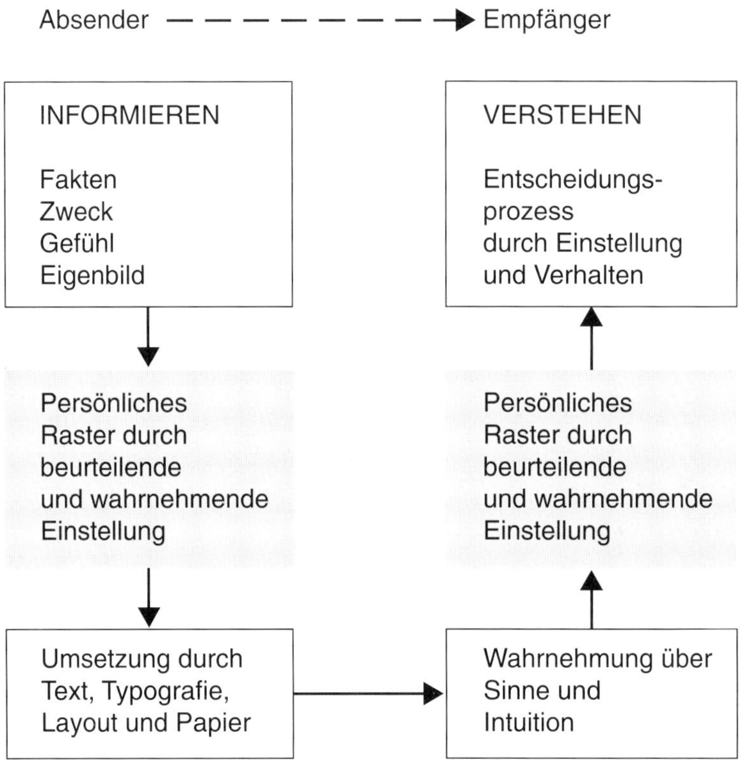

Die folgenden Kapitel befassen sich mit den Funktionen von Gehirn, Sinnen, Einstellung, Verhalten und Assoziationen, die sich durch geschriebene Sprache beeinflussen lassen.

Foto: Helga Förster

SCHRIFT

Typografie ist Kommunikation

Typografie ist eine mit der Schrifttype praktizierte Methode der Kommunikation.

Kurt Weidemann

Schrift kann als besonders variantenreiches Gestaltungsmittel von Kommunikation eingesetzt werden. Typografie darf aber nicht als vordergründiges Stilmittel oder als Desktop-Publishing-Spielerei mißbraucht werden. Gute Typografie ist gutem Benehmen verwandt, sagt Jan Tschichold. Hans-Peter Willberg definiert das so: Typografie ist Handwerk im Sinne präziser Anwendung solid überprüfter Erfahrung. Nur wer nichts zu sagen hat, nutzt aufdringliche Typografie. Das Auffallen um jeden Preis ist nicht der Sinn von Schriftgestaltung. Immer mehr Unternehmen - gleich aus welcher Branche - arbeiten offensiv mit auffälliger Schrift und einer ganz neuen Bildsprache. Gute Typografie transportiert Image-Werte und hilft, dem Unternehmen gezielte Akzente zu geben, und kann ihm eine eigene Identität vermitteln. Sie darf aber nicht selbst als Bild fungieren, sondern muß die schriftlichen Inhalte begleiten.

Am Beispiel von Hugo Boss wird dies deutlich:

BOSS HUGO BOSS

HUGO HUGO BOSS

Baldessarini HUGO BOSS

BOSS ist,
bezeichnung. Doch auch
Winner. Der Mann, de
neugierigen Lesern von
Mode-Vorlieben si
falle votiert er für den kla
fallen möchte er eigentlic
was Everybody's Darling
keineswegs unter

Seine Welt ist die ganz
gern fern und liebt überh
Als Arbeitsbereiche bevo
Brutstätten wie Agenture
Pressestellen. Sein Beruf
Arbeit verabscheut er. Tre
Lieblingsbeschäftigungen
Cyberspace und die jüngs
weiß er zumeist Bescheid

WENN *der BOSS-TYP rei*
BALDESSARINI. Ist das
sondern eine Persönliche
Charisma und Souveränit
Qualitätsanspruch steht.

Mit dieser Typografie soll der klassische Business-Manager angesprochen werden.

Die Typografie von HUGO will den Mode-Interessierten begeistern, der die Trends kennt und lieber ohne scharfe Bügelfalten lebt.

Eine Typografie, die den reiferen Mann ansprechen soll, der schon alles hat, sich alles leisten kann und allerbeste Stoffqualitäten bevorzugt.

Schrift ist visuell umgesetzte Rhetorik

Benno Keysselitz

Ein Beispiel für kommunikative Denkprozesse in Sachen Typografie bei der Erco GmbH, Lüdenscheid: "Schrift ist geschriebene Sprache (bildgewordene Sprache). Geschriebene Sprache beurteilen heißt: sich ausmalen, wie das jeweils vorliegende Schriftbild als Stimme klingen würde. In der gewählten Schrift kommt die Art des Denkens, die hinter der Schrift steht, zum Ausdruck. Sprache in der Kommunikation (geschrieben oder gesprochen) dient in erster Linie der Verständlichkeit des Gesagten."

Rhetorische Kraft entsteht durch die Deutlichkeit der Botschaft. Lesen ist sehen. Lesen zielt auf verstehen. Ohne Informationshunger liest keiner etwas. Nur ein Bruchteil dessen, was man sieht, wird auch aufgenommen. Ein Leser informiert sich nach der Interessenlage seines Bewußtseins. Nur das, was ihn interessiert, nimmt er intensiv wahr (den Rest sieht er als diffuse Masse von Texten und Bildern). Er sucht nach höchstem Gewinn bei geringstem Aufwand. Seine Bereitschaft zu lesen hängt von der persönlichen Interessenlage ab und von der Aufbereitung des Leseangebots (Typografie). Rätselhafte Aussagen blockieren den Einstieg in ein Thema. Typografie erfordert, sich in den Leser hineinzuversetzen und das Leseangebot so lese-angenehm wie irgendmöglich aufzubereiten. Das heißt, herauszufinden, was das Auge mag.

Typografie kann unter Umständen Kunst sein.

Kurt Schwitters

An dieser Stelle sei ein Blick auf die Buchkunst gestattet:
Die Stiftung Buchkunst, Frankfurt am Main, fördert vor allem die sachgemäße und künstlerische Buchgestaltung. Ein gutes Buch kann durch eine entsprechende Gestaltung nur noch besser werden. Ein »schönes« Buch kostet nicht unbedingt mehr, es erfordert nur mehr Sorgfalt in allen Produktionsstufen. Das gilt übrigens auch für alle gedruckten Unterlagen eines Unternehmens. Einige prämierte oder mit einer lobenden Anerkennung ausgezeichneten Bücher werden auf den nächsten Seiten vorgestellt. Sie zeigen, daß Sachbücher immer bunter und lebhafter werden und selbst das Schulbuch sich verbessert hat. Viele Unternehmen wären gut beraten, sich bei der Gestaltung von Katalogen, Geschäftsberichten und Gebrauchsanweisungen an solchen Vorbildern zu orientieren.

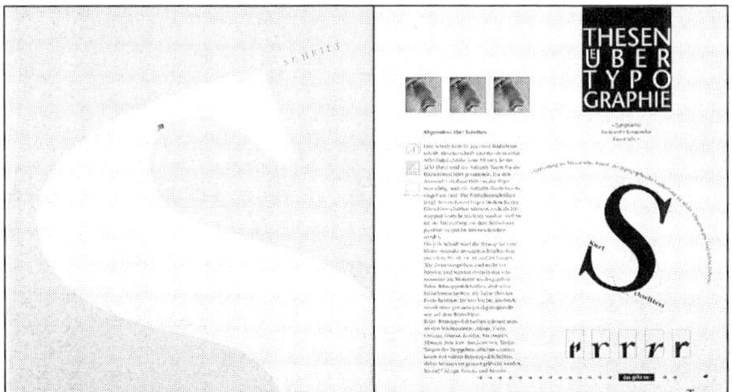

Lehrbuch

Vade me cum Macintosh
Ein "Geh-mit-mir"
für Profi-Publisher
rund um
den Apple Macintosh

Elke Bussemeier
Systhema Verlag, München

Typografie, Einbandgestaltung und Herstellung:
Elke Bussemeier

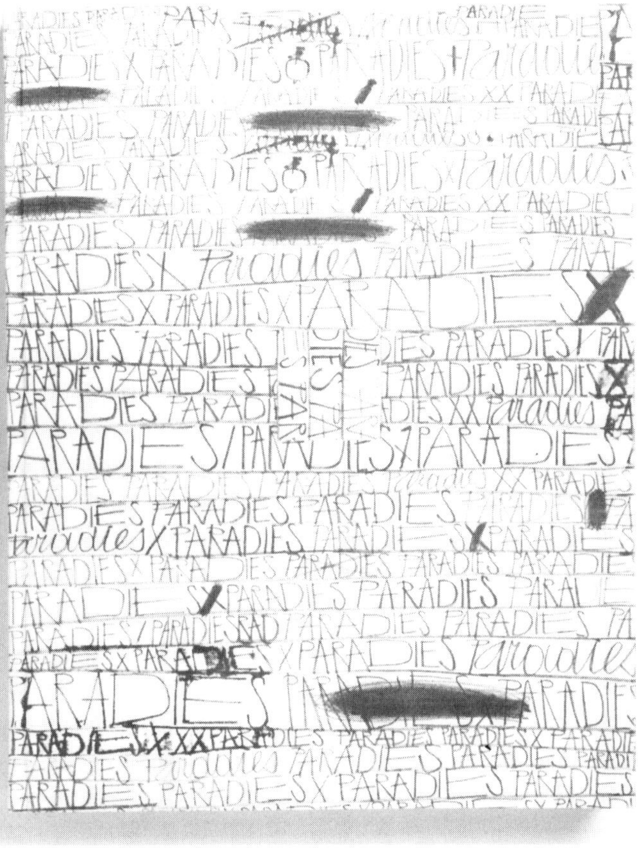

Bibliophile Ausgabe

Der Hahnepeter/Papier Paradies
Kurt Schwitters/Květa Pacovská

Pravis Verlag, Osnabrück
Typografie und Einbandgestaltung:
Květa Pacovská

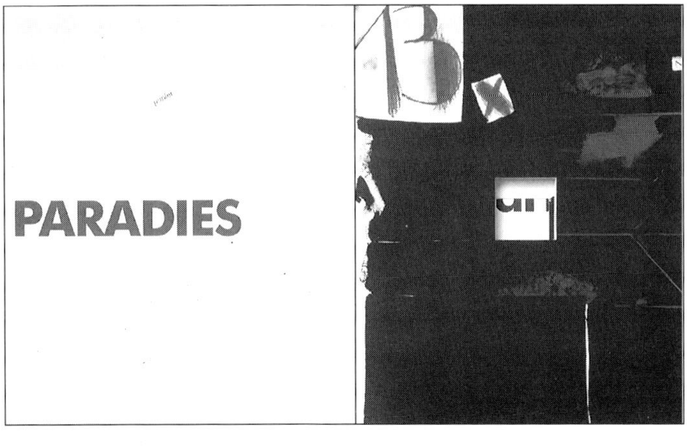

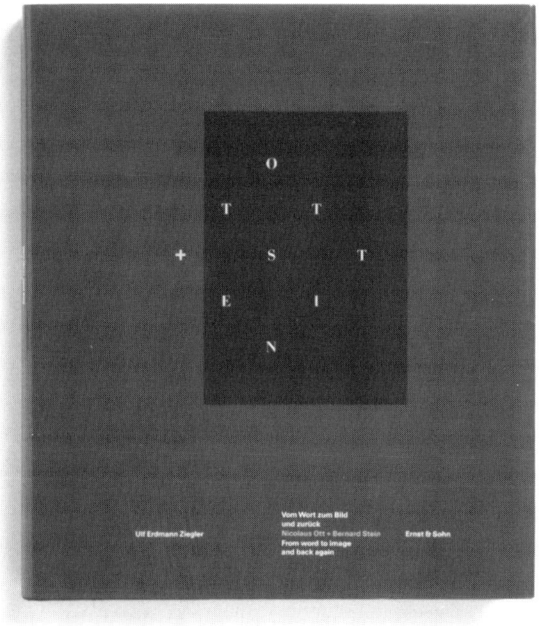

Sachbuch

Vom Wort zum Bild und zurück

Ulf Erdmann Ziegler, Nicolaus Ott und Bernhard Stein
Ernst & Sohn Verlag für Architektur und technische Wissenschaften, Berlin

Typografie, Einbandgestaltung und Schutzumschlag:
Nikolaus Ott und Bernhard Stein

Taschenbuch

Poetisches Abracadabra
Neuestes ABC- und
Lesebüchlein

Joseph Kiermeier-Debre und
Fritz Vogel
Deutscher Taschenbuch Verlag,
München

Typografie:
Joseph Kiermeier-Debre,
Fritz Vogel

Einbandgestaltung:
Reinhard Michl

Schulbuch

Augenreise I
Ein Lese-Seh-Buch für Kinder von sieben Jahren an

Wilfried Bütow und Barbara Schütze
Volk und Wissen Verlag GmbH, Berlin

Typografie und Einbandgestaltung:
Lutz Tesmar

Wie Klexer, Tupf und Strichel
Farben zaubern

Das ist Klexer.

›Rot wie Mohn‹, sagen die Leute.
›Ja, rot wie Teufelsfunken‹, sagt Klexer.
Manchmal sagen die Leute auch einfach: ›der Starke‹.

Und das ist Tupf.

›Wie die blaue Blume‹, sagen die Leute.
Manchmal sagen sie auch: ›der Träumer‹.

Der dritte im Bunde ist Strichel.

›Wie die Sonne‹, sagen die Leute.
Manchmal sagen sie auch: ›der Strahlende‹.
›Gelb wie der Löwenzahn‹, sagt Strichel.

›Löwenzahn.

Da sehe ich

den mächtigen Löwen

in der weiten Wüste

unter der heißen Sonne.‹

14

Es dämmerte schon, als Tupf und Strichel
etwas Rotes vor sich sahen …

15

Fotobuch

jazz + more

Ralph Quinke
Nieswand Verlag, Kiel

Typografie, Einbandgestaltung
und Herstellung:
Ingo Wulff

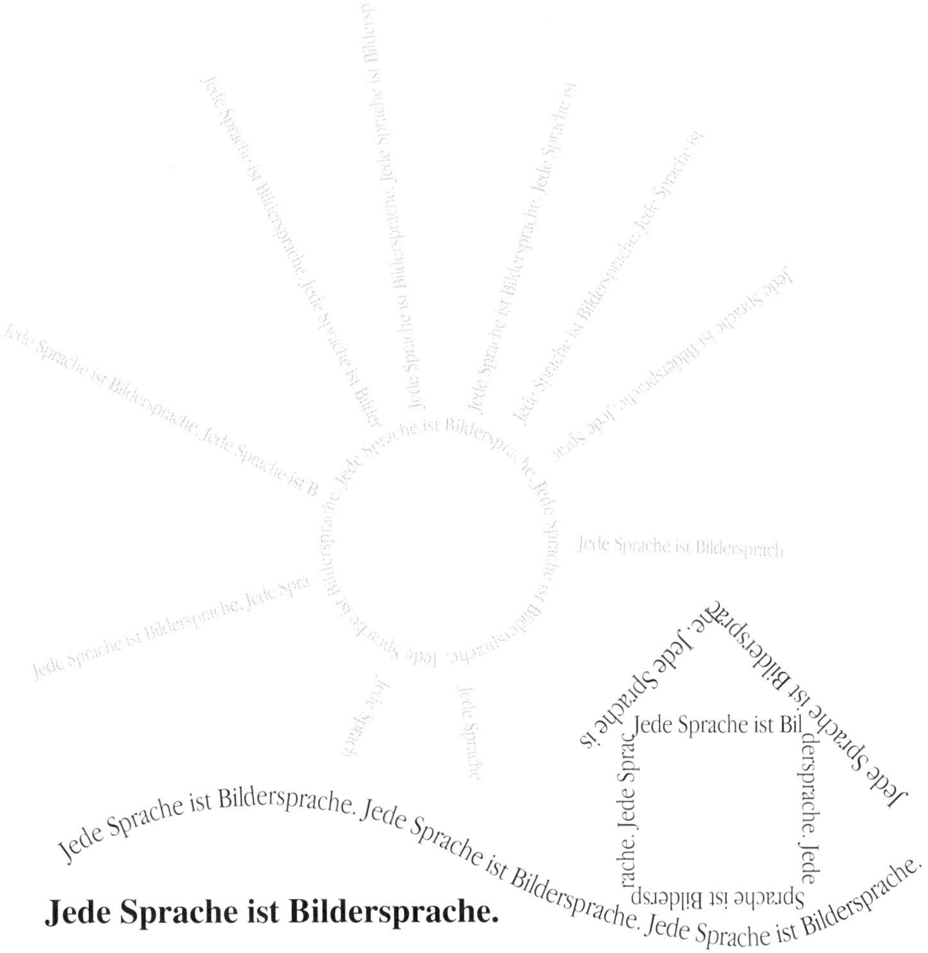

Jede Sprache ist Bildersprache.

Wilhelm Busch

BILDER

Vom Bild zur Schrift und zurück

Am Anfang menschlichen Denkens stand das Bild und nicht die Schrift. Corporate Wording orientiert sich deshalb auch an der Bildkommunikation. Psychologische Versuche bescheinigen, daß unser Gedächtnis in zwei unabhängigen, miteinander verbundenen Systemen operiert. Sprache wird von beiden Gehirnhälften verarbeitet. Die linke Hirnhälfte ist mehr für das sprachlich-analytische Denken zuständig (Sprechen, Lesen, Schreiben, Zahlendenken), die rechte Hemisphäre für bildlich ganzheitliches Denken (Wahrnehmung von Formen, Bildern, Strukturen). *Mecacci* führt in seinem Buch *Das einmalige Gehirn* selbst die kulturellen Unterschiede wie die Betonung der nonverbalen Kommunikation in Japan auf die unterschiedlichen Funktionen der beiden Gehirnhälften zurück.

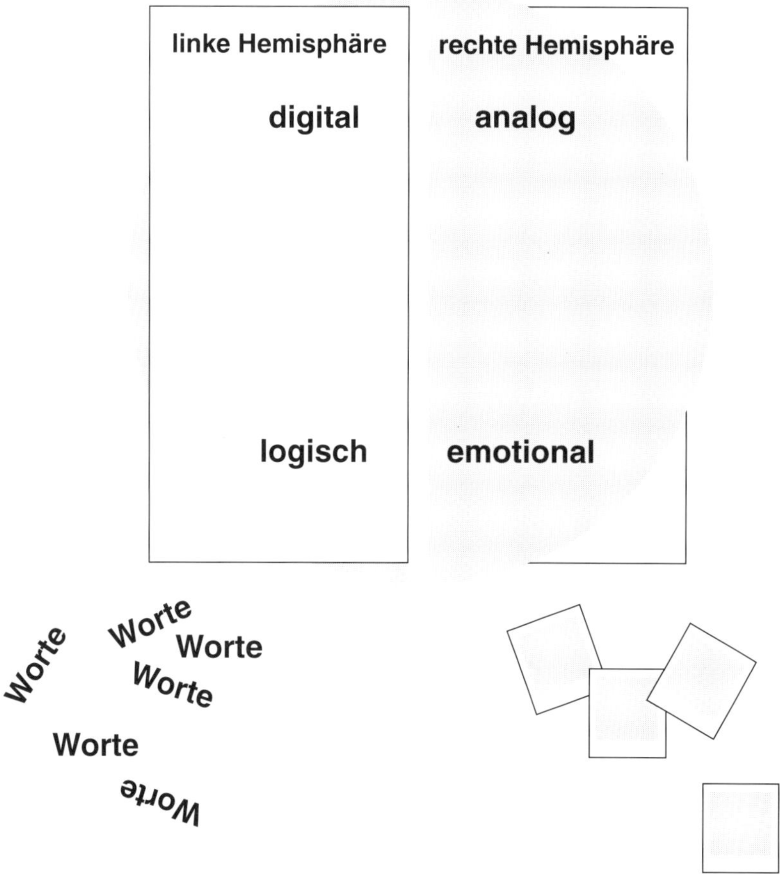

links: Die Entschlüsselung von Zeichen und Wörtern
rechts: Zusammenspiel und Verarbeitung von Emotionen und Bildern

Die Wirkung von Wörtern auf das menschliche Verhalten und Assoziieren läßt sich vorausbestimmen. Deshalb sind die Kenntnisse über die Informationsverarbeitung des Gehirns eine wichtige Grundlage für die optimale Textgestaltung. Ein Beispiel:

Schon beim Druck dieses Buches war vorhersehbar, was geschieht, wenn Sie jetzt umblättern und der Anweisung auf der Seite folgen...

Denken Sie
jetzt
nicht
an eine weiße Maus!

Mit Sicherheit haben Sie jetzt keinen Elefanten gesehen. Sie sind aber auch nicht der Anweisung gefolgt. Sie sollten doch nicht an eine weiße Maus denken! Warum haben Sie trotzdem das Bild einer Maus gesehen?

Zu diesem Phänomen hat Hörz in seinem Buch *Marxistische Philosophie und Naturwissenschaft,* 1975, Akademie Verlag, geschrieben: "Sicher haben wir im Kopf keine abgebildeten Gegenstände, aber wir haben mit Hilfe der Signale aus der Außenwelt ein bedeutungstragendes Zeichensystem ausbauen können, das in seinem inneren Zusammenhang ein überprüfbares ideelles Modell objektiver Beziehungen darstellt, mit Hilfe dessen man zweckmäßig reagieren und zielgerichtet verändern kann. Über neue Signale und Reaktionen wird dieses Modell weiterentwickelt, neue Zeichen kommen hinzu, die Bedeutung bekannter Zeichen wird besser erkannt, usw."

Das Wort signalisiert also nur eine Bedeutung, ein ideelles Abbild, das die eigentliche Information darstellt. Menschen sind meist *rechts-* oder *linksdominant*, das heißt, die eine Hemisphäre überwiegt die andere. *Linksdominante* Menschen, die bei einer Problemlösung die linke Hirnhälfte bevorzugt nutzen, orientieren sich an Fakten und gehen schrittweise analytisch mit Zahlen und Texten um (sequentiell, digital). *Rechtsdominante* Persönlichkeiten suchen intuitiv nach Einsichten, Bildern, Mustern, Tönen oder ähnlichem (ganzheitlich, analog).

Schön oder praktisch?

Spätestens seitdem der Architekt Walter Gropius 1919 sein Programm für die Weimarer Hochschule für Gestaltung, das spätere Bauhaus, vorstellte, bemühten sich Künstler und Handwerker darum, Funktion (linksdominant) und Design (rechtsdominant) unter einen Hut zu bringen. Das Programm, aus dem heraus damals Häuser, Fabriken, Möbel, Lampen usw. entworfen wurden, gilt bis heute als Richtschnur für zahlreiche Kreative des industriellen Designs in aller Welt. Aber die Grundidee, daß das alltägliche Leben nicht nur eine praktische, sondern auch eine ästhetische Dimension haben sollte, ist in der breiten Bevölkerung längst noch nicht selbstverständlich.

In einer Erhebung des Instituts für Demoskopie Allensbach (Allensbacher Berichte, Nr. 21/1992) wurde einem repräsentativen Querschnitt der Erwachsenen in Deutschland ein Dialog vorgelegt, in dem zwei Grundsatzpositionen zu diesem Problem formuliert waren:

> "Für mich ist es ganz wichtig, mich mit möglichst schönen Dingen zu umgeben. Etwas, das man im Alltag ständig benutzt und braucht, soll auch gut aussehen, eine ansprechende Form und Farbe haben. Deshalb achte ich darauf, daß die Dinge schön sind."

> "Das sehe ich anders. Am wichtigsten ist doch, daß die Dinge, mit denen ich umgehe, gut funktionieren und ihre Aufgabe erfüllen. Das schöne Aussehen ist dabei nebensächlich.
> Ich achte vor allem darauf, daß die Dinge nützlich und praktisch sind."

Es gibt nur wenige demoskopische Fragen, bei denen die Bevölkerung so haarscharf in zwei Gruppen auseinanderfällt. Läßt sich die Erklärung vielleicht bei den beiden Hirnhälften finden? 44 Prozent erkennen ihre eigene Haltung in der ersten Position, im Plädoyer für die Schönheit von Alltagsgegenständen, und ebenfalls 44 Prozent beschreiben sich selbst als Pragmatiker, denen die ästhetische Form eines Bügeleisens nur in zweiter, dritter oder vierter Linie wichtig ist. Groß ist der Unterschied jedoch zwischen Männern und Frauen. Während die Männer allenfalls zu 30 Prozent auf die ästhetische Dimension der Dinge achten, betont bei den Frauen mehr als jede zweite (55 Prozent) diesen Aspekt. Ein ähnlicher Unterschied zeigt sich, wenn man heute die verschiedenen Generationen einander gegenüberstellt. Von den älteren, den über 50jährigen, möchten 41 Prozent möglichst schöne Dinge um sich herum haben. Von den jüngeren, den unter 30jährigen, halten 50 Prozent die Ästhetik auch in ihrem Alltag für wichtig. Es ist also zu berücksichtigen, daß die Empfänger schriftlicher Informationen, die linksdominant, faktenorientiert denken, emotionale Werbetexte kaum wahrnehmen. Rechtsdominante, gefühlsorientierte Menschen schenken technischen Datentabellen kaum Beachtung. Die Werbung zeigt vereinzelt gute Beispiele, in denen man sich dieses Wissen zu Nutze gemacht hat.

Hier ein Textbeispiel, entnommen aus einer Anzeige über einen Postscript-Farbdrucker. In einer zweispaltigen Information wurden die technischen Fakten von den emotionalen Argumenten deutlich getrennt.

linksdominant	**rechtsdominant**
Intel 80960 RISC-Prozessor, mit 16 bzw. 25 MHz getaktet; RAM bis 34 MB erweiterbar, Standardausstattung 6 bzw. 10 MB usw...	Bei diesem schnellen Drukker werden Sie wohl in Zukunft auf die Kaffeepause verzichten müssen...

Quelle: Seiko Instruments

Ein weiteres Beispiel aus einem Prospekt zum Thema Cityruf:

linksdominant	**rechtsdominant**
Lust auf Technik? Betriebszeit 1100 Std., Stromversorgung 2*V625PX od. V60R, Abmessungen HxBxT 117/20/16 mm, Gewicht 40 g ...	Zugegeben: Manchmal ist es gut, direkt am Telefon erreichbar zu sein. Es gibt aber auch Situationen, da müssen Sie selbst entscheiden können, für wen Sie gerade da sind. Wichtig für Sie ist nur, zu wissen, wer Ihnen was mitteilen möchte...

Quelle: Bosch/Förster

Noch ein Beispiel von zwei verschiedenen Rasenmäher-Herstellern.

linksdominant	**rechtsdominant**
Der neue Economic-Rasenmäher bietet maßgeschneiderte Anforderungen zunehmend umweltbewußt handelnder Verbraucher. Dabei wurden die schwierigsten Probleme beim Mähen mit einem Bezinrasenmäher gelöst: Die Geräuschentwicklung und das Startverhalten des 4-Takt-CHV-Motors...	Da genügt ein einziger Zug. Der Motor schnurrt los - so leise wie eine Katze. Die Arbeit im Garten soll schließlich Spaß und Entspannung bringen. Es wird Sie jetzt kaum überraschen, daß der umweltfreundliche Motor bis zu 30% weniger Kraftstoff braucht...
Quelle: Wolf	Quelle: Honda

Ein Blick zur Pharma-Industrie zeigt, daß es auch hier Bestrebungen gibt, Anwendern von Medikamenten in verständlicher Sprache den Gebrauch eines Präparates zu erläutern. So befindet sich in immer mehr Packungen neben der Gebrauchsinformation auch eine Ratgeberbroschüre.

Gebrauchsinformation	Ratgeber
linksdominant	**rechtsdominant**
Anwendungsgebiet: Rezidivprohylaxe von Duodenalucera und Anastomosenulcera....	... Daß der Magen Tag für Tag schwer arbeitet, weiß man leider oft erst richtig zu schätzen, wenn er Schwächen zeigt und Schmerzen bereitet...
... nicht einnehmen bei Sorbitintoleranz (Fructoseinintoleranz), z.B. bei Fructose-1,6-Diphosphatase-Mangel...	...Streß löst eine Überproduktion von Salzsäure ebenso aus, wie z.B. zuviel Kaffee, zuviel Alkohol, zu viele Zigaretten...
... die übliche Tagesdosis beträgt 800 mg bis 1000 mg. 3 x 1 Beutel zu je 10 ml Suspension...	... Jetzt werden Sie verstehen, warum Ihnen Ihr Arzt dieses Medikament verschrieben hat...

Quelle: Smith Kline Beecham Pharma GmbH

Information ist etwas, das wir aktiv schaffen, wo immer wir sie zwischen die Fakten der Welt hineinprojizieren - letzten Endes sind wir es, die die Welt sinnvoll und informationshaltig machen.

Hörmann, 1976

Schon *Goethe* bemängelte, daß die symbolische, bildliche Sprache nicht in diesem Sinne genutzt wurde. Er beklagte die Schwerverständlichkeit wissenschaftlicher oder technischer Berichte, die sich in vielen Fällen zwar sehr bequem anwenden lassen, aber immer steif und ungelenk blieben. Durch ihre visuelle Unvorstellbarkeit bescheinigte er ihnen ihre Unzulänglichkeit.

> *Technische Umschreibungen verwandeln das Lebendige in Totes. Bewegliches wird starr, die bildliche Vorstellung verhindert. Könnte man sich jedoch aller dieser Arten der Vorstellung und des Ausdrucks mit Bewußtsein bedienen und in einer mannigfaltigen Sprache seine Betrachtungen überliefern, hielte man sich von Einseitigkeit frei und faßte einen lebendigen Sinn in einen lebendigen Ausdruck, so ließe sich manches Erfreuliche mitteilen.*

aus Farbenlehre, DuMont

Was hat man daraus gelernt?
Der willkürliche Blick in zwei Werbeprospekte - 184 Jahre später - gibt die Antwort. Da steht geschrieben:

Der Rasenmäher-Motor hat 1 dB.

Die Videokamera filmt bei 1 Lux.

Solche und unzählige andere, für den Laien unverständliche Fakten - Bestandteil beinahe jeder Produktbeschreibung - sind Usus. Dabei wäre eine begreifliche Umschreibung doch so simpel:

Der Rasenmäher-Motor
schnurrt so leise wie eine Katze (1 db).

Schon beim Licht einer einzigen Kerze
können Sie filmen (1 Lux).

Hier ein paar Beispiele, mit denen die Welt alles andere als »sinnvoll und informationshaltig« gemacht wurde:

Was ist ein Maustreiber?
❑ ein Tierquäler
❑ ein Programm zur Bildschirm-Steuerung

Was ist mit schnittschlagdämpfenden Gummipuffern und Bypass-Technik ausgestattet?
❑ eine künstliche Herzkammer
❑ eine Gartenschere der Marke Wolf

Was ist eine Schnittstelle?
❑ die Narbe nach einer Operation
❑ ein Steckeranschluß

Was ist eine Schnittsteuerung?
❑ ein Gerät aus dem Operationssaal
❑ ein Gerät für die Videofilmbearbeitung

Schon am Anfang eines Textes muß die Einflugschneise in das Gehirn des Lesers zu finden sein.

Am Beispiel der Schnittsteuerung wird mit Hilfe von »Bildersprache« der abstrakte Sachverhalt anschaulich erläutert. Die Vereinfachung reduziert zwar die technische Information (mit der Techniker in Unternehmen sich nur ungern anfreuden), erzielt aber eine verstärkende Kommunikationswirkung:

Stellen Sie sich einen Schuhkarton mit einer Fotosammlung vor. Die besten Bilder sortieren Sie für Ihr Fotoalbum heraus. Genau das machen Videofilmer mit ihren Videofilmen. Die Schnittsteuerung numeriert jedes einzelne Videobild auf dem Videoband, markiert per Tastendruck die Stellen, die dem Filmer am besten gefallen und überspielt sie auf eine neue Videokassette.

Quelle: Blaupunkt/Förster

Diese Form der Informations-Vermittlung spricht beide Hemisphären an und kann somit mühelos verarbeitet werden. Nichts Neues: Schon die Bibel wurde in Gleichnissen geschrieben. Die folgenden Beispiele zeigen, wie wörtlich Bildersprache in der Korrespondenz umgesetzt werden kann:

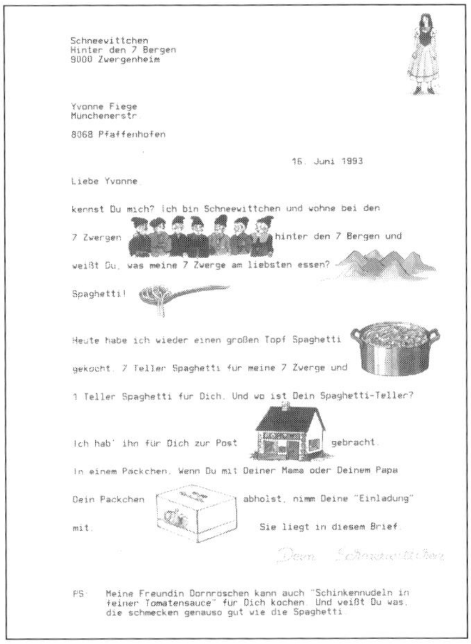

Schneewittchen
Hinter den 7 Bergen
9000 Zwergenheim

Yvonne Fiege
Münchenerstr.

8068 Pfaffenhofen

16. Juni 1993

Liebe Yvonne,

kennst Du mich? Ich bin Schneewittchen und wohne bei den 7 Zwergen hinter den 7 Bergen und weißt Du, was meine 7 Zwerge am liebsten essen? Spaghetti!

Heute habe ich wieder einen großen Topf Spaghetti gekocht. 7 Teller Spaghetti für meine 7 Zwerge und 1 Teller Spaghetti für Dich. Und wo ist Dein Spaghetti-Teller?

Ich hab' ihn für Dich zur Post gebracht. In einem Päckchen. Wenn Du mit Deiner Mama oder Deinem Papa Dein Päckchen abholst, nimm Deine "Einladung" mit. Sie liegt in diesem Brief.

Dein Schneewittchen

PS: Meine Freundin Dornröschen kann auch "Schinkennudeln in feiner Tomatensauce" für Dich kochen. Und weißt Du was, die schmecken genauso gut wie die Spaghetti.

Quelle:
Hipp/I.M.P. Dialog Frankfurt,
Marketingagentur

Quelle: Lindenthal Comix, Rheinfelden

"Noch nie war deutscher Text-Einheitsbrei so ideenlos wie heute. Schon bei den meisten Überschriften wird einem schlecht. Anstatt zum Genießen zu verleiten, verderben sie fad und ideenarm selbst die schmackhafteste visuelle Darbietung."
Das meint Delle Krause, Texter und Executive Creative Director bei Ogilvy & Mather, Frankfurt (gelesen in Horizont).

Unternehmen wie Politiker gebrauchen gerne Worte, die keiner versteht. Den Begriff *Subsidiarität* hatte zum Beispiel Kurt Biedenkopf zu Beginn der 80er Jahre in die politische Debatte geworfen. Das geschah in einer Situation, in der die schwache Wirtschaftskonjunktur den Spielraum für immer neue glänzende Wohltaten des Staates an seine Bürger beträchtlich eingeengt hatte. "Ausgangspunkt für die inhaltliche Reform der sozialen Ordnung muß der Grundsatz der Subsidiarität sein," hieß es damals, immer wieder benutzt und vielfach abgedruckt. Als das Institut für Demoskopie Allensbach 1981 untersuchte, ob die angesprochenen Bürger auch nur im Ansatz wissen, was damit gemeint sei, war das Ergebnis niederschmetternd: Nur drei von hundert Befragten wußten es, und noch einmal drei hatten eine vage Vorstellung. 1992 tauchte der Begriff in politischen Grundsatzäußerungen wieder häufiger auf, und zwar diesmal in unterschiedlichen Zusammenhängen. Bei der Reform von Politik, Wirtschaft, Kultur und Verwaltung in den neuen Bundesländern soll das Prinzip der *Subsidiarität* grundlegend sein. Das ist der eine Zusammenhang. Der andere ergibt sich beim Blick auf die Zukunft des vereinigten Europas. Im Artikel 3b des Maastricht EU-Vertrages ist davon die Rede, daß die EU gegenüber den in ihr zusammengeschlossenen Ländern in vielen Bereichen nur nach dem Subsidiaritätsprinzip tätig werden soll. In Deutschland sei der Begriff »geläufig«, hieß es in einem Kommentar, den Dieter Grimm als Professor für Öffentliches Recht und Bundesverfassungsrichter veröffentlicht hat. Mitte '92 hatte das Allensbacher Institut erneut in einer repräsentativen Bevölkerungsumfrage nachgefragt, was damit gemeint sei, wenn vom »Prinzip der Subsidiarität« gesprochen wird. Bei dieser Umfrage zeigte sich, daß sich in elf Jahren nichts geändert hatte: Nur 3 Prozent der Befragten in Westdeutschland gaben auf die Frage eine richtige Antwort; in Ostdeutschland sogar weniger als 0,5 Prozent. Auch wer eine höhere Schule besucht oder ein Studium absolviert hat, ist gegenüber diesem durchaus nicht selten benutzten Politikerwort hilflos!

Die richtige Antwort lautet übrigens:

Der Staat übernimmt nur Aufgaben,
zu denen die Bürger allein nicht fähig sind.

Von der Politik zurück zur freien Wirtschaft: Die meisten gedruckten Werke dieser Spezies orientieren sich an der Technik. Besonders Produktinformationen oder Gebrauchsanleitungen liefern klassische Beispiele linksdominanter Texte.

Aufnahme im Automatikbetrieb

Überprüfen der Aufzeichnung im Sucher (CAMERA SEARCH)

Mit CAMERA SEARCH kann die letzte Aufnahmeszene im Sucher überprüft werden. Nach der Überprüfung kann auf dem Bandteil eventuell neu aufgenommen werden. **(1-6).**

Überprüfung der letzten Aufnahmeszene - Review
Im CAMERA-Betrieb kann die letzte Aufnahmeszene unmittelbar überprüft werden.

1 **Schalten Sie den Camerarecorder auf Bereitschaft, indem Sie STANDBY nach oben drehen.**

2 **Drücken Sie die - Seite von CAMERA SEARCH (↻) kurzzeitig.**
Die letzten Sekunden der vorausgegangenen Aufnahmeszene werden im Sucher wiedergegeben, danach schaltet der Camerarecorder auf Bereitschaft für die nächste Aufnahme.

Aufsuchen des neuen Aufnahme-Startpunktes
Unter Beobachtung des Sucherbildes können Sie das Band zu der Stelle laufen lassen, ab der neu aufgenommen werden soll.

1 **Schalten Sie den Camerarecorder auf Bereitschaft, indem Sie STANDBY nach oben drehen.**

2 **Blicken Sie durch den Sucher, und halten Sie die + oder - Seite von CAMERA SEARCH gedrückt, um das Bild wiederzugeben.**
+ Seite: Zur Wiedergabe eines Vorwärtsbildes
- Seite: Zur Wiedergabe eines Rückwärtsbildes
Zum Stoppen der Wiedergabe lassen Sie CAMERA SEARCH los.

3 **Wenn ein bereits bespielter Bandteil neu bespielt werden soll, verfahren Sie wie folgt:**
1 Suchen Sie durch Drücken der + oder - Seite von CAMERA SEARCH den Punkt auf, an dem die neue Aufnahme beginnen soll.
2 Drücken Sie REC zum Starten der Aufnahme.
Die neue Aufnahme beginnt an der Stelle, an der CAMERA SEARCH losgelassen wurde. Dabei erhält man eine störungsfreie Schnittstelle zwischen den Szenen, vorausgesetzt, die Cassette wurde nicht herausgenommen.

Auszug aus einer Original-Bedienungsanleitung von Blaupunkt

Schnittsuche

Vorteil:
Wenn Sie sich die letzten Sekunden der vorausgegangenen Aufnahme in Erinnerung zurückrufen wollen, hilft Ihnen folgendes:

Funktion:
Im Aufnahmepause-Zustand die Schnittsuchtaste CAMERA SEARCH - (34) antippen.
Das Band wird zurückgespult. Die letzten Sekunden der vorangegangenen Aufnahme erscheinen. Danach schaltet der Camcorder wieder auf Aufnahme/Pause.

Aufnahmekorrektur

Vorteil:
Sie können Ihre Aufnahme in beliebiger Länge sofort im Sucher überprüfen.

Funktion:
1. Im Aufnahmepause-Zustand mit der Schnittsuchtaste CAMERA SEARCH +/- (34) den Punkt suchen, an dem die Aufnahme beginnen soll und am gewünschten Punkt Taste loslassen.
SEARCH + = vorwärts
SEARCH - = rückwärts
2. Aufnahmetaste REC (27) drücken.
Die Aufnahme beginnt.

Auszug aus einer überarbeiteten Anleitung, die in Form eines Taschenbuchs bei Blaupunkt erschienen ist.

Quelle: Blaupunkt/Förster

Halbhirnige Texte verwirren. Worte in Bildern überzeugen.

Technische Texte können hauptsächlich nur von der linken Hirnhälfte nach logisch-analytischen Regeln verarbeitet und gespeichert werden. Jeder kennt aber die Situation, daß man beim Lesen eines Wortes gleichzeitig an mehrere andere Wörter denkt - man assoziiert. Ein erstaunliches Zusammenspiel der vielen Tausend Begriffe, das täglich im Gedächtnis beim Denken, Lesen und Sprechen abläuft. Anschauliche Wörter, die Bilder entstehen lassen, werden in der rechten Hirnhälfte als *innere Bilder* gespeichert. Corporate Wording zielt darauf ab, mit bildhaften Texten klare Gedächtnisbilder zu hinterlassen. Dabei ist nicht die Menge der erzeugten visuellen Vorstellung wichtig, sondern die Lebendigkeit und Deutlichkeit, mit denen die Bilder vor den inneren Augen stehen. Selbst verneinenden Sätzen wird Beachtung geschenkt, lösen sie doch sonst ungewollt innere Bilder aus. Beispiele: "Unsere Limonade enthält keinen Zucker", "Das Hotel inmitten der Natur: weit und breit kein einziges Auto. Das heißt: kein Lärm und keine Abgase." Innere Bilder sind Gedächtnisbilder, die aus der Erinnerung, aus dem Gedächtnis rekonstruiert werden. In seinem Buch *Bild-Kommunikation* unterteilt Autor *Kroeber-Riel* bildliche Vorstellungen in gelernte, gespeicherte Wahrnehmungsbilder und Gedächtnisbilder, und zwar wie folgt:

Innere Bilder beeinflussen Verhalten.

"Das Wissen über konkrete - also sichtbare - Gegenstände ist im Gedächtnis teils bildlich (wie die Fassade eines Hauses), teils sprachlich (wie der Name des Hauseigentümers) verfügbar. Ein *Wahrnehmungsbild* entsteht dann, wenn der Gegenstand oder ein Bild des Gegenstandes (zum Beispiel ein Foto) vom Betrachter direkt sinnlich aufgenommen wird. Ein Wahrnehmungsbild ist zum Beispiel das innere Bild des Hauses, das entsteht, wenn man vor dem Haus steht und das Haus betrachtet. Nur ein kleiner Teil der wahrgenommenen Bilder wird für längere Zeit im Gedächtnis gespeichert. Die inneren Bilder, die in Abwesenheit des Gegenstandes oder des Bildes aus dem Gedächtnis abgerufen werden können, werden *Gedächtnisbilder* genannt. Sie haben einen starken Einfluß auf das Verhalten. Das kann sich das Marketing zunutze machen."

Corporate Wording möchte mit eindrucksstarken Reizwörtern innere Suchvorgänge starten, Gedächtnisbilder abrufen und emotionale Wirkungen auslösen, die Entscheidungen und Handlungen beeinflussen. Schriftliche Informationen, gleich ob in Briefen oder in Prospekttexten, sollen anschaulich in kleinen und handlichen Häppchen, aufreizend garniert und leicht verdaulich zubereitet werden. Sprache kann das Gehirn in Bilder übersetzen und umgekehrt. Abstrakte Wörter wie »Anmaßung« oder »Kausalität« können im Gedächtnis nur verbal kodiert werden (Ausnahme: durch subjektive Verbindung mit ganz bestimmten, persönlich erlebten Bildern). Konkrete Worte wie »Apfel« oder »Meer« rufen innere Bilder hervor, stehen also nicht nur im Verbal-, sondern auch im Bilderkode zur Verfügung. Ein konkretes Bild, wie zum Beispiel das eines Apfels, ist im Gedächtnis zusätzlich sprachlich gespeichert.

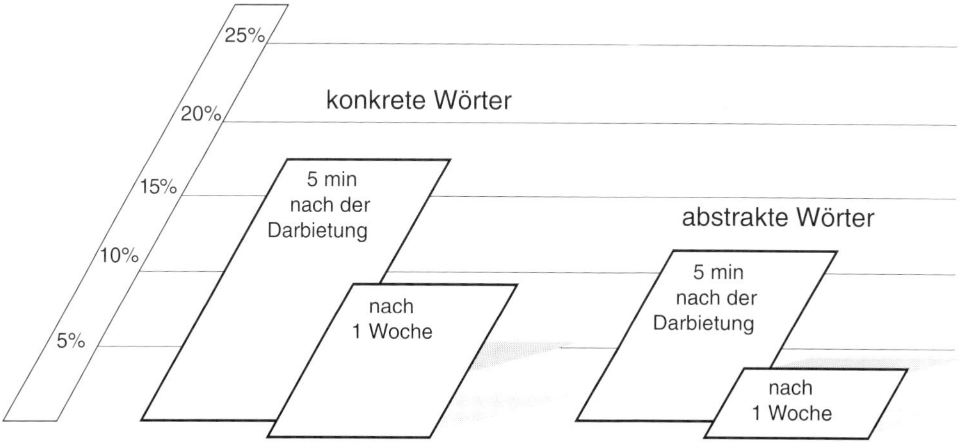

Erinnerung an konkrete (gegenständliche, bildliche) und abstrakte Wörter nach 5 Minuten und nach einer Woche.

Quelle: nach einem Experiment von Paivio, 1971, Imagery und Verbal Processes, New York/Chicago, gesehen in: »Bildkommunikation«, Vahlen.

Bei der Wort-Auswahl ist darauf zu achten, inwieweit Wörter für ein schematisches Aufnehmen, Erkennen und Verarbeiten geeignet sind. In der Werbung ist das durch Bilder viel einfacher, da sie über mehrere Wahrnehmungsebenen zugänglich sind. Der Betrachter kann daraus frei wählen. Texte dagegen schränken den Leser von vornherein ein und fixieren ihn auf einen Punkt. Das klingt nachteilig, hat aber den Vorteil, daß gerade in der Werbung mit Hilfe von Texten Mehrdeutigkeiten ausgeschlossen werden können.

Bildvorstellungen zu verbalen Reizen wurden schon häufig untersucht. Die *Bildhaftigkeit* von Texten ist ein Maß dafür, wie stark sich schriftliche Informationen beim Empfänger längerfristig speichern lassen. Wie *konkret* und *abstrakt* Wörter sind, wurde besonders von dem Forscher *Allan Paivio* seit Beginn der sechziger Jahre untersucht und »psychologie-fähig« gemacht. Dabei ging es um reizwortspezifische Fragen und um bestimmte Charakteristika assoziierter Reaktionen. In Anlehnung an Paivio wurden Substantive, Adjektive und Verben mehrfach untersucht. *Carlo Petri* nennt in seinem Buch *Entstehung und Entwicklung von kreativen Werbeideen* ein Beispiel fortgesetzten Assoziierens:

> extravagant - ausgefallen
> \> verrückt > Mode > Kleidung
> \> Frau mit Hochfrisur > lila Hut
> \> Zigarrenspitze > Pferderennbahn > Oldtimer
> usw.

In dem *Handbuch deutschsprachiger Wortnormen* sind alle Daten aus den bekanntgewordenen Wortnormierungsstudien der letzten 20 Jahre enthalten. Aufgabe der Studien war, einzuschätzen, wie leicht oder schwer ein jeweils vorgegebenes Wort eine bildhafte Vorstellung hervorruft. Die folgenden Definitionen wurden auszugsweise aus den Anweisungen für die Versuchspersonen entnommen:

Bildhafte Wörter (Bildhaftigkeit)

"Wörter unterscheiden sich in ihrer Eigenschaft, bildhafte Vorstellungen von Dingen oder Ereignissen hervorzurufen. Einige Wörter bewirken sehr schnell und leicht das Auftreten einer bildhaften Vorstellung oder eines Klangs. Andere Wörter dagegen können diese Erfahrungen nur sehr schwer (zum Beispiel nach längerer Zeit) oder überhaupt nicht auslösen.
Wörter wurden danach eingestuft, wie leicht oder schwer sie bildhafte Vorstellungen hervorrufen können. Jedes Wort, das sehr schnell und leicht eine bildhafte Vorstellung oder einen Klang hervorruft, erhält einen hohen Wert. Diejenigen Wörter, die bildhafte Vorstellungen überhaupt nicht oder nur sehr schwer auslösen können, erhalten einen niedrigen Wert."

Beispiel: »Birne« würde vermutlich ziemlich leicht eine bildhafte Vorstellung auslösen. Diesem Wort würde man also einen hohen Wert zuteilen. Das Wort »Zweck« würde wahrscheinlich nur sehr schwer eine bildhafte Vorstellung hervorrufen. Deshalb sollte es einen niedrigen Wert erhalten".

HOHE BILDHAFTIGKEIT	NIEDRIGE BILDHAFTIGKEIT
die ersten 20 von 1.170 Substantiven	die letzten 20 von 1.170 Substantiven
Apfel, Mutter, Auto, Kreis, Stuhl, Hammer, Erdbeere, Frosch, Sportplatz, Katze, Gabel, Busen, Arm, Tennisschläger, Meer, Wald, Pferd, Wiese, Quadrat, Kartoffel.	Belang, Veranlassung, Daseinsberechtigung, Fragwürdigkeit, Gelegenheit, Angelegenheit, Frevel, Schlußfolgerung, Abruf, Berücksichtigung, Notwendigkeit, Voraussetzung, Eigenschaft, Beeinträchtigung, Dasein, Sein, Sinn, Verzug, Andeutung, Heil.
(M = 18.97 bis 17.87)	(M = -17.49 bis -14.77)
die ersten 20 von 1.188 Adjektiven	Die letzten 20 von 1.188 Adjektiven
schwarz, rot, dick, rund, naß, feucht, braun, schwanger, sonnig, nackt, alt, weiß, fett, bunt, saftig, tot, blutig, hoch, flüssig, dreckig.	möglich, heutig, wahrscheinlich, thematisch, zusätzlich, merklich, unerheblich, kognitiv, vorläufig, konziliant, verkannt, prinzipiell, unwahrscheinlich, neutral, speziell, besondere, beträchtlich, unmethodisch, künftig, thematisch.
(M = 16.93 bis 14.20)	(M = -16.85 bis -12.80)
Die ersten 20 von 498 Verben	Die letzten 20 von 498 Verben
fliegen, küssen, brennen, trinken, malen, backen, essen, umarmen, lieben, braten, kochen, weinen, schwimmen, schlagen, lachen, heiraten, sehen, zeichnen, grüßen, waschen.	revidieren, resultieren, terminieren, basieren, strukturieren, erweisen, abstrahieren, paktieren, auskommen, gelten, tendieren, verallgemeinern, sich bieten, beruhen, vollziehen, pensionieren, komplizieren, unterbreiten, auskommen, brüskieren.
(M = 14.40 bis 11.13)	(M = -9.33 bis -6.13)

Quelle: Diskette zum Handbuch deutschsprachiger Wortnormen, Hogrefe.
Tabelle wurde numerisch fallend neu sortiert.
M = Mittelwert der individuellen Einschätzungen pro Wort auf einer Skala mit den Endpunkten »-20« und »+20«.

Konkrete Wörter (Konkretheit)

"Wörter sind in unterschiedlichem Ausmaß konkret bzw. abstrakt. Ein Wort, das sich auf sinnlich erfahrbare Merkmale von Dingen oder Personen bezieht, wird man eher als konkret bezeichnen. Ein Wort, das sich auf einen Begriff bezieht, der nicht durch die Sinne erfahren werden kann, wird man eher als abstrakt bezeichnen. Ein Wort, das sich auf Objekte oder Personen bezieht, bekommt einen hohen Wert, wird also als konkret eingestuft. Ein Wort, das sich auf einen Begriff bezieht, der nicht durch die Sinne erfahren werden kann, erhält einen niedrigen Wert, wird also als abstrakt eingestuft. Beispiel: »Birne« bezieht sich auf Objekte oder Personen. Dieses Wort sollte also einen hohen Wert bekommen. Das Wort »Zweck« bezieht sich eher auf einen Begriff, der nicht durch die Sinne erfahren werden kann. Es erhält deshalb einen niedrigen Wert".

HOHE KONKRETHEIT	NIEDRIGE KONKRETHEIT
Die ersten 20 von 1.170 Substantiven	Die letzten 20 von 1.170 Substantiven
Harfe, Elefant, Frosch, Fuchs, Apfel, Bügeleisen, Erdbeere, Zitrone, Butter, Kartoffel, Hammer, Busen, Pfirsich, Pfeffer, Pferd, Katze, Büstenhalter, Lokomotive, Kühlschrank, Stuhl.	Belang, Fragwürdigkeit, Seele, Ewigkeit, Glaube, Sein, Toleranz, Krise, Seele, Ehrfurcht, Himmelreich, Geistlosigkeit, Verzug, Daseinsberechtigung, Veranlassung, Mythos, Meinungsbildung, Heil, Führungsschwäche, Soll.
(M = 19.40 bis 18.20)	(M = -14.92 bis -12.29)
Die ersten 20 von 1.463 Adjektiven	Die letzten 20 von 1.463 Adjektiven
schwarz, braun, weiß, naß, rund, tot, trocken, rot, schwanger, violett, einhändig, kurz, nackt, dunkel, lang, blind, gefleckt, hoch, durstig, klein.	abstrakt, amoralisch, irreal, ideal, moralisch, latent, objektiv, subjektiv, logisch, sündig, psychologisch, prinzipiell, normal, liberal, wesentlich, ehrbar, wahr, unfaßbar, atheistisch, plausibel.
(M = 18.73 bis 14.86)	(M = -16.13 bis -11.53)
Die ersten 20 von 498 Verben	Die letzten 20 von 498 Verben
töten, lachen, trinken, küssen, sprechen, umarmen, sägen, schwimmen, weinen, schlagen, essen, atmen, schreien, kochen, malen, wandern, turnen, backen, schlagen, pfeifen.	paktieren, symbolisieren, entsprechen, determinieren, abstrahieren, tendieren, theoretisieren, sich bieten, resultieren, interpretieren, demokratisieren, erweisen, sich rentieren, definieren, revidieren, analysieren, reformieren, terminieren, unterbleiben, versachlichen.
(M = 19.20 bis 16.93)	(M = -16.67 bis - 8.27)

Quelle: Diskette zum Handbuch deutschsprachiger Wortnormen, Hogrefe.
Tabelle wurde numerisch fallend neu sortiert.
M = Mittelwert der individuellen Einschätzungen pro Wort auf einer Skala mit den Endpunkten »-20« und »+20«.

Bedeutungshaltige Wörter (Bedeutungshaltigkeit)

"Wörter rufen in unterschiedlichem Ausmaß andere Wörter hervor. Jedes Wort wird nach der Anzahl der Wörter, an die man denkt, eingeschätzt. Ein Wort, das an viele andere Wörter denken läßt, erhält einen hohen Wert. Ein Wort, zu dem einem keine oder nur mit Mühe andere Wörter einfallen, erhält einen niedrigen Wert.
Beispiel: zu »Birne« fallen einem vielleicht spontan Wörter wie Apfel, Baum, saftig, Kern, gesund, süß, gelb usw. ein. Da einem zu Birne spontan viele Wörter einfallen, würde dem Wort ein hoher Wert gegeben werden. Zu »Zweck« fallen einem wahrscheinlich wesentlich weniger oder gar keine Wörter ein. »Zweck« erhält deshalb einen niedrigen Wert".

HOHE BEDEUTUNGSHALTIGKEIT	NIEDRIGE BEDEUTUNGSHALTIGKEIT
Die ersten 20 von 1.170 Substantiven	Die letzten 20 von 1.170 Substantiven
Liebe, Meer, Mutter, Garten, Winter, Möbel, Kind, Wald, Familie, Auto, Freund, Wasser, Meer, Großstadt, Schiff, Pferd, Apfel, Wohnung, Strand, See.	Umlage, Hammelsprung, Stimmvieh, Verzug, Belang, Verwaltungswasserkopf, Stanzen, Signalsystem, Inbegriff, Angelegenheit, Gefüge, Abruf, Gruppenakkord, Einhelligkeit, Hinblick, Arbeitsselbstverwaltung, Rubrik, Beeinträchtigung, Produktionsvorbereitung, Fragwürdigkeit.
(M = 14.79 bis 11.13)	(M = -18.21 bis -13.89)
Die ersten 20 von 1.463 Adjektiven	Die letzten 20 von 1.463 Adjektiven
schön, lieb, verliebt, frei, süß, bunt, stark, zärtlich, leer, lustig, schnell, romantisch, groß, sonnig, gemütlich, lustig, rasch, sportlich.	jovial, konziliant, altruistisch, chronisch, manisch, unerheblich, taub, loyal, kognitiv, quantitativ, telefonisch, simultan, apathisch, anmaßend, hämisch, unpopulär, neutral, klerikal, mäßig, etabliert.
(M = 12.53 bis 9.00)	(M = -15.31 bis - 9.98)
Die ersten 20 von 498 Verben	Die 20 letzten von 498 Verben
spielen, zeichnen, reisen, essen, lieben, fahren, malen, fliegen, wandern, trinken, kochen, schwimmen, schreiben, kämpfen, küssen, sich amüsieren, laufen, heiraten, lachen, studieren, sprechen.	determinieren, sich bieten, abstrahieren, terminieren, versachlichen, brüskieren, umschreiben, basieren, gelangen, verbleiben, heißen, entfallen, revidieren, eliminieren, unterbleiben, beruhen, strukturieren, entsprechen, resultieren, erweisen.
(M = 15.20 bis 10.67)	(M = -10.13 bis -6.40)

Quelle: Diskette zum Handbuch deutschsprachiger Wortnormen, Hogrefe.
Tabelle wurde numerisch fallend neu sortiert.

M = Mittelwert der individuellen Einschätzungen pro Wort auf einer Skala mit den Endpunkten »-20« und »+20«.

Die Wortbedeutungen bringen den Gedanken nicht hervor, sondern vermitteln ihn; ebenso wie das Werkzeug die Handlung nicht hervorbringt, sondern vermittelt.

A.N. Leontjew, 1977

Angenehme Wörter (Angenehmheit)

"Wörter, die sich auf Eigenschaften beziehen oder diese bezeichnen, können in unterschiedlichem Ausmaß bestimmte Gefühle und Emotionen hervorrufen. So gibt es Eigenschaftswörter, die eher angenehme Gefühle oder Emotionen erwecken, und ebenso Adjektive, die eher unangenehme Gefühle erzeugen. Adjektive werden danach beurteilt, ob sie eher ein angenehmes oder eher ein unangenehmes Gefühl hervorrufen. Eigenschaftswörter, die ein angenehmes, positives Gefühl erwecken, erhalten einen positiven Zahlenwert. Diejenigen Adjektive, die unangenehme oder negative Gefühle erzeugen, bekommen einen negativen Zahlenwert zugewiesen.
Beispiel: Das Wort »erschreckend« wird eher ein unangenehmes Gefühl erzeugen und sollte deshalb einen entsprechend negativen Wert erhalten. Dagegen ist das Wort »kuschelig« eher mit angenehmen Gefühlen verbunden und sollte daher einen hohen positiven Zahlenwert zugeordnet bekommen".

HOHE ANGENEHMHEIT	NIEDRIGE ANGENEHMHEIT
Die 20 ersten von 1.188 Adjektiven	Die 20 letzten von 1.188 Adjektiven
glücklich, frei, verliebt, liebevoll, zärtlich, gesund, schön, ehrlich, ideenreich, phantasievoll, aufrichtig, warm, gefühlvoll, feinfühlig, friedlich, fröhlich, verständnisvoll, weise, kreativ, selbständig.	rassistisch, brutal, unmenschlich, grausam, bösartig, verlogen, gewalttätig, gehässig, hinterhältig, widerlich, heuchlerisch, heimtückisch, ungerecht, falsch, niederträchtig, kriecherisch, sadistisch, herzlos, autoritär, skrupellos.
(M = 18.08 bis 13.85)	(M = -17.46 bis -14.63)

Quelle: Diskette zum Handbuch deutschsprachiger Wortnormen, Hogrefe.
Tabelle wurde numerisch fallend neu sortiert.
M = Mittelwert der individuellen Einschätzungen pro Wort auf einer Skala mit den Endpunkten »-20« und »+20«.

Die Wortnormierungsstudien wurden sowohl für die Grundlagenforschung wie zu therapeutischen Zwecken erstellt. Sie lassen sich auch in der Werbung sehr gut einsetzen, wie folgendes Fallbeispiel demonstriert:

Ein Hersteller von Massivholzmöbeln möchte Merkmale in seinen schriftlichen Produktaussagen forcieren, die bei seinen Wettbewerbern vernachlässigt werden. Aus zusammengetragenem Prospektmaterial wurden die am häufigsten genannten Argumente herausgezogen und mit den Ergebnissen der Wortnormierungsstudien verglichen. Das ergab folgende Übersichten:

Der Mittelwert der individuellen Einschätzungen liegt auf einer Skala mit den Endpunkten »-20« und »+20«. Da nicht alle Wörter nach ihrer Angenehmheit hin untersucht wurden, sind in der Spalte 4 zum Teil keine Werte angegeben.

1 - Bildhaftigkeit **2** - Konkretheit **3** - Bedeutungshaltigkeit **4** - Angenehmheit

Sortiert nach Bildhaftigkeit

	1	**2**	**3**	**4**
gemütliches Wohnen	8.60	1.36	9.44	12.51
duftet nach Holz	7.47	4.33	0.80	-
gesund Wohnen	6.51	8.53	2.35	15.88
moderne Linienführung	5.87	-5.67	2.80	2.58
harmonisches Design	3.71	-3.69	-1.76	13.32
attraktive Einzelstücke	3.69	2.67	3.68	9.36
solide Tischlerarbeit	1.69	-0.46	-2.41	2.52
ästhetischer Genuß	0.76	-1.68	1.50	11.16
natürliches Wohnen	-1.05	-0.21	3.77	13.69
ursprüngliches Wohnen	-1.33	-5.40	-6.93	-
traditionelles Handwerk	-1.53	-9.73	-0.80	-
individuelle Note	-7.54	-1.26	-1.55	10.43
besondere Holzstruktur	-13.07	-11.00	-4.87	-

Das Ergebnis zeigt, daß die Bildhaftigkeit der Produktaussagen nicht sonderlich ausgeprägt ist. Aufgabe wäre nun, besonders bildhafte Adjektive herauszusuchen. Zum Beispiel:

warm, sinnlich, schön, genießerisch,
fröhlich, kuschelig, stämmig, lebhaft usw.

Mit folgenden, besonders konkreten Adjektiven lassen sich Aussagen verständlich formulieren:

schwer, glatt, warm, stämmig usw.

Geeignete Adjektive mit hoher Bedeutungshaltigkeit, also solche, die am meisten Assoziationen auslösen, sind:

schön, romantisch, warm, naturverbunden,
phantasievoll, lebhaft usw.

In der folgenden Tabelle wurden die Argumente der verschiedenen Massivholzmöbel-Anbieter nach ihrer Angenehmheit der Adjektive mit den Wortnormierungsstudien verglichen. Es konnten natürlich nur die Aussagen berücksichtigt werden, die bewertete Adjektive enthielten.

Sortiert nach Angenehmheit

	4	**1**	**2**	**3**
gesund Wohnen	**15.88**	6.51	8.53	2.35
natürliches Wohnen	**13.69**	-1.05	-0.21	3.77
harmonisches Design	**13.32**	3.71	-3.69	-1.76
gemütliches Wohnen	**12.51**	8.60	1.36	9.44
ästhetischer Genuß	**11:16**	0.76	-1.68	1.50
individuelle Note	**10.43**	-7.54	-1.26	-1.55
attraktive Einzelstücke	**9.36**	3.69	2.67	3.68
moderne Linienführung	**2.58**	5.87	-5.67	2.80
solide Tischlerarbeit	**2.52**	1.69	-0.46	-2.41

Das Adjektiv »gesund« weist in den vorliegenden Normierungsstudien den höchsten Wert auf. Gerade im Bereich Massivholzmöbel, in dem der emotionale Aspekt eine große Rolle spielt, könnte der Anbieter Aussagen mit hoher Angenehmheit prägen. Aufgabe wäre nun, besonders angenehme Adjektive herauszusuchen, zum Beispiel:

schön, ideenreich, phantasievoll, warm,
feinfühlig, kreativ, sympathisch,
entspannt, angenehm usw.

Eine vorrangige Aufgabe des Kommunikationszieles muß lauten: Weg vom abstrakten Wort, hin zum anschaulichen Textbild. Beispiel:

Nicht: *Das Objektiv dieser Spiegelreflex-Kamera ist....*
Sondern: *Das Auge Ihrer Kamera kann...*

Sätze wie »Stellen Sie sich ..... vor.« fordern den Leser gerade dazu auf, rechtsdominant zu denken und somit Bildvorstellungen zu entwikkeln. Zur Umsetzung von Texten in Wortbildern bieten sich mehrere Techniken an. *Werner Gaede* hat in dem Buch *Vom Wort zum Bild* die vielfältigen Visualisierungstechniken in ein Raster von 12 Kreativmethoden praktikabel systematisiert. Auch *Petri* erstellte ein Kategorieschema für die inhaltliche Einteilung von unmittelbaren assoziativen Beziehungen zwischen Reizwort und Antwort. In Anlehnung an beide Raster hier eine Aufstellung der Verfahren zur Formulierung von Wortbildern:

Der menschliche Geist ist ein Diaprojektor mit einer unendlichen Zahl von Dias, die in seinem Archiv gespeichert sind.

Samuels & Samuels, 1975

Adjektive (Eigenschaften)
besinnlich - Weihnachtszeit
bürokratisch - Amt, Beamter

Analogien durch Klangähnlichkeit
Diskothek / Bibliothek
Vom Hang zum Drang.

Analogien durch Reim
Schau genau!
Sein - Schein

Analogien durch begriffliche Verwandtschaft
Die Oberfläche fühlt sich an wie Samt.
So klein wie eine Streichholzschachtel.

Antonyme (Gegenteile)
heiß - kalt
riesig - winzig

Assoziationen (Verknüpfung)
Duschen wie im erfrischenden Quellwasser.
Freiheit, so grenzenlos wie der Sternenhimmel.

Gradation (Steigerung)
Goethe, groß als Forscher, größer als Dichter, am größten als Mensch.
Reden ist Silber, schweigen ist Gold.

Kausal-Beziehung (Ursache/Wirkung)
Geld kann ruhen. Oder arbeiten.
FCKW - Ozonloch

Kontiguität (Erlebnisinhalte), räumlich
Rezeption - Hotel
Schlafzimmer - Bett

Kontiguität (Erlebnisinhalte), zeitlich
Abend - Schlafen
Sommer - Sonne

Koordination (Zuordnung)
Auto - Fahrrad - Bus
Amsel - Fink - Star

Metapher (bildhafte Übertragung)
Weiße Taube = Frieden
Haupt der Familie = Vater

Redewendungen
dufte - Biene
Stein - reich

Synekdoche (Teil des Ganzen)
Schiff - Kiel
Auto - Lenkrad

Synonyme (Wortverwandtheit)
rein - sauber
antik - alt

Zusammensetzungen
Tier - Tierpark - Tierhandlung
spielen - Spielzeug - Spielplatz

Die Bedeutung eines Wortes ist sein Gebrauch in der Sprache.

Wittgenstein, 1953

Jeder Mensch verfügt über eine Art mentales Lexikon, in dem die Bedeutung von Wörtern durch Synonyme, Ober- und Unterbegriffe, Redewendungen etc. dargestellt werden können. Positive Reizwörter bringen schneller innere Bilder hervor als solche mit negativer Stimulans. Ganz wichtig - gerade im Zusammenhang mit der erwähnten Renaissance der Emotionen: Je emotionaler ein Reizwort ist, desto länger bleibt das innere Gedächtnisbild bestehen. Die Fähigkeit des Menschen, Assoziationen durch Sprache hervorzubringen, sollte beim Texten mit Hilfe eines »assoziativen Wörterbuchs« genutzt werden. Denn bei der Suche nach Texten, die eine Information schnell und klar verständlich umsetzen, darf sich ein Texter nicht auf seine persönlichen Assoziationstendenzen verlassen, sondern sollte sich besser auf empirisch ermittelte Assoziationen stützen.

Zur Findung neuer Werbeideen stellt Petri in seinem Buch eine Assoziationsdatenbank vor, in der ca. 700.000 Assoziationen gespeichert sind. In 28 Hauptkategorien (z.B. Orte, Zeit, Tiere, Kleidung etc.)

sind 387 Themengruppen enthalten (z.B. Aktivitäten/Ereignisse/ Prozesse), in denen Konzepte wie Kochen, Rodeo oder Akrobaten aufgelistet sind. 61.000 Wortideen sind mit den Themengruppen verbunden. Er nennt folgendes Anwendungsbeispiel:

> "Auf der Suche nach Werbeideen für den Whisky »Red Label Scotch« wird zunächst die Zielvorstellung herausgearbeitet, daß das Produkt bei den Werbeempfängern mit Assoziationen zum Konzept »rot« verbunden werden soll. Geöffnet wird nun aus der Hauptkategorie »Farben« der Abschnitt »rot/pink«. Hier lassen sich jetzt bis zu 7.000 Wortassoziationen abrufen: Feuerwehrwagen, Karminrot, Scarlet O'Hara, »hot pink«, roter Abendhimmel, Sonnenuntergang, Kommunist, Flamingo, rissige Hände, STOP-Schild, Burgunder, Leidenschaft, Lachs, Kombüse, rote Beete, Liebe usw. Mit den ausgewählten Ideen lassen sich jetzt weitere Operationen durchführen, zum Beispiel eine Recherche, Menüpunkt »Gegensätzliches«. Ein solches Computerprogramm unterstützt also kreative Arbeit und regt das Denken an."

Unter dem Namen CAAS (Computer Aided Advertising System) wird am Institut für Konsum- und Verhaltensforschung (Universität des Saarlandes, Saarbrücken) unter der Leitung von Prof. Dr. Werner Kroeber-Riel ein Forschungsprojekt durchgeführt, das den gesamten Prozeß der Werbegestaltung durch Computerprogramme unterstützen soll. Dazu gehört ein Beurteilungs-, Such- und Bildmanipulationssystem. Die Philosophie des Suchsystems besteht darin, bei der Suche nach neuen Erlebniswelten anzuregen und den kreativen Prozeß bei der Entwicklung und Umsetzung von Konzepten zu unterstützen.

"Mit den Instrumenten von gestern läßt sich nicht mehr das Heute und schon erst recht nicht die Zukunft gestalten", schreibt auch die Agentur für Werbekommunikation, Dongowski & Simon, die mit Erlebnisbildern aus einem simplen Ei einen Markenartikel gemacht hat.
Die Story:

1. Status

Die Unternehmensgruppe Juchem ist in der Lebensmittelbranche dafür bekannt, Waren zu liefern, die qualitativ höchsten Anforderungen gerecht werden. Die Philosophie des Unternehmens, grundsätzlich für eine gesunde Ernährung einzutreten, wird besonders plakativ am 5-Korn-Ei deutlich.

2. Die spezielle Situation

Das Unternehmen, das sich bisher hauptsächlich als Zulieferer der Lebensmittelindustrie einen Namen gemacht hat, setzte sich das Ziel, auch den Verbrauchern gegenüber die Qualität eines Markenproduktes von Juchem deutlich zu machen. Da Eier generell durch Salmonellenerkrankungen und Diskussionen über die Tierhaltung ins Gerede gekommen waren, sollte die Marke als Qualitätsnachweis eingesetzt werden.

3. Aufgabe und Zielsetzung:

- Das »Juchem-Premium-Ei« war zum Markenartikel aufzubauen.
- Der Qualitätsanspruch und die Markenidee der »kontrollierten Qualität und Frische« waren sichtbar zu machen.
- Sowohl Produkt, Verpackung als auch Werbung und Verkaufsförderung waren markentechnisch auf die Grundidee auszurichten.
- Handel und Verbraucher waren für einen neuen Markenartikel zu aktivieren.

4. Konzept

Die Hochwertigkeit des Juchem-Premium-Eies bildet die Plattform für ein zu kommunizierendes 4-Stufen-Qualitätsprogramm:

1. kontrollierte Tierhaltung
2. hochwertiges Futter
3. konsequente Qualitätsprüfung
4. garantierte Frische

Es mündet in der Aussage:

"Das 5-Korn-Ei mit Gütepaß und Legedatum."

Nach einem Soll-Image-Profil wurde sorgfältig der Markenkern in der Botschaft und in kreativen Ideen umgesetzt.

5. Resultat

Beim 5-Korn-Ei zeigte das Produkt nicht nur das Legedatum, sondern als erster »Hersteller« die Marke als Zeichen für Qualität. Nicht nur die Packung unterschied sich deutlich von anderen Anbietern, sondern zum ersten Mal wies jede Packung auch einen Gütepaß aus, der den Genuß des Frühstückseies wieder unbedenklich machte. Die Marke wurde zum Zeichen für kontrollierte Qualität. Das Ergebnis: Der Handel hatte ein Ei, das dem Verbraucher einen etwas höheren Preis wert war.

Auszug aus den Werbetexten:

Das 5-Korn-Ei:
Mit Gütepaß und Legedatum.

Nur wo Gutes reinkommt,
kommt auch Gutes raus.

Unsere Kontrolle umfaßt
auch die ungelegten Eier.

So frisch, so gut.
Und was wir dafür tun.

Die Auguren prognostizieren, daß die Hälfte der heutigen Marken nicht das Jahr 2000 erleben werden. Mag diese Meldung auch übertrieben sein, so hat sie doch einen sehr realen Hintergrund: In der Bundesrepublik gibt es ca. 40.000 Marken. Der Sprachschatz eines halbwegs gebildeten Bundesbürgers beträgt jedoch nur 2000 Worte. Die Informationsüberflutung von 98 Prozent macht es vielfach unmöglich, daß die Marken ihre Zielpersonen überhaupt noch erreichen. Das verlangt ganzheitliche Konzepte, die die Markenidee im Namen, auf der Verpackung, in der Verkaufsförderung, in der Kundensteuerung und Kundenpflege sicht- und lesbar macht. Doch selbst dies reicht nicht - Zitat von Dongowski & Simon -, wenn die Markenidee nicht in Markenerlebnisbildern aufmerksamkeitsstark inszeniert wird.

Der Schlüsseltext bildet das Dach der Corporate Wording Konzeption. Viele Unternehmen haben im Rahmen ihrer Corporate Design Strategie zwar ein durchgängiges Logo entwickelt, aber auf ein begleitendes Textbild verzichtet.

Schlüsselbild	**Schlüsseltext**
Logo Apple	?
Logo Bayer	?
Logo Bosch	?
Logo Deutsche Bank	?
Logo Lufthansa	?
Logo Philips	?
Logo Telekom	?
Logo Audi	Vorsprung durch Technik
Logo Dresdner Band	Das grüne Band der Sympathie
Logo Haribo	Haribo macht Kinder froh und Erwachsene ebenso
Logo Hoesch	Baden, duschen, fit sein
Logo Pirelli	Die Beine Ihres Autos
Logo Ritter	Quadratisch, praktisch, gut
Logo Toyota	Nichts ist unmöglich

Das Schlüsselbild soll dazu dienen, die zahlreichen bildlichen Eindrücke von Anzeigen, Prospekten, Displays, Geschäftsberichten bis hin zur Korrespondenz auf einem Grundniveau anzugleichen.

Schlüsselwörter wie »Sympathie« oder »Vorsprung« bieten sich förmlich dazu an, dies ständig schriftlich unter Beweis zu stellen. Schlüsseltexte sollten folgende Anforderungen erfüllen:

- deutlich
- einprägsam
- beständig
- medienvariabel
  und
- zum Corporate Design passend

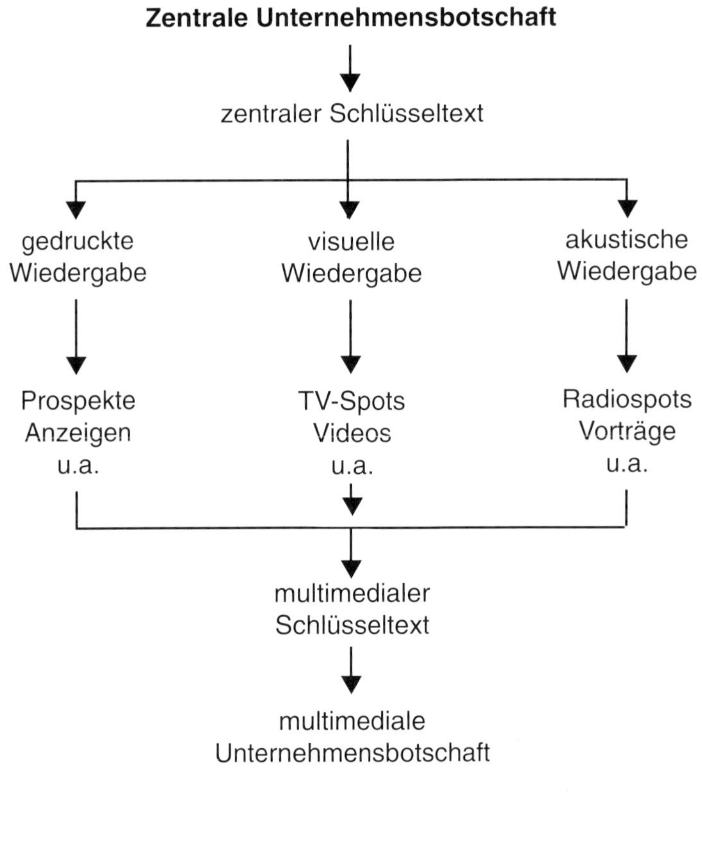

Viele Unternehmen treten gesichtslos in ihren Geschäftsberichten auf. Schon die Titelseiten sind weitgehend mit der Konkurrenz austauschbar (z.B. abgebildete Bürohäuser). Das folgende Beispiel von VORWERK zeigt einen neuen visuellen Ansatz, wobei das typografische Chaos nicht unbedingt Schule machen sollte.

Bericht über das 109. Geschäftsjahr

Schon wieder ist ein Jahr rum. Wie in jedem Frühjahr berichten wir über den Verlauf eines Geschäftsjahres. Routine verleiht Sicherheit. Das ist die eine Seite. Aber auch ein Jahr unserer Lebenszeit ist verstrichen. Auch das ist Routine – oder doch nicht? Uns selbst geht es so, daß die Zeit immer schneller verfliegt. So viele Aufgaben und so wenig Zeit. Zeitknappheit ist wohl zur wichtigsten Vokabel im Wirtschaftsleben geworden. Gehen wir richtig mit unserer Zeit um? Vielleicht bestraft das Leben nicht nur den, der zu spät kommt, sondern auch den, der versäumt, innezuhalten. Wir glauben, daß die Zeit viel zu schnell verrinnt, als daß es sich nicht lohnen würde, über sie nachzudenken.

Quelle:
VORWERK Geschäftsbericht 1992

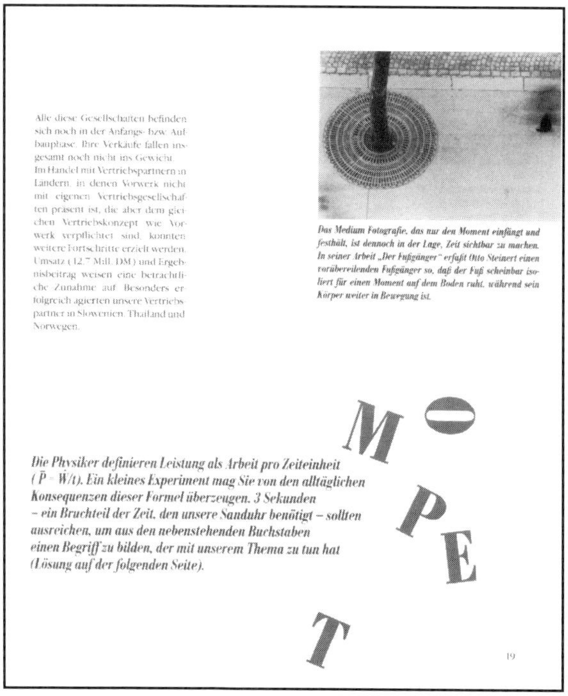

Alle diese Gesellschaften befinden sich noch in der Anfangs- bzw. Aufbauphase. Ihre Verkäufe fallen insgesamt noch nicht ins Gewicht.
Im Handel mit Vertriebspartnern in Ländern, in denen Vorwerk nicht mit eigenen Vertriebsgesellschaften präsent ist, die aber dem gleichen Vertriebskonzept wie Vorwerk verpflichtet sind, konnten weitere Fortschritte erzielt werden. Umsatz (12,7 Mill. DM) und Ergebnisbeitrag weisen eine beträchtliche Zunahme auf. Besonders erfolgreich agierten unsere Vertriebspartner in Slowenien, Thailand und Norwegen.

Das Medium Fotografie, das nur den Moment einfängt und festhält, ist dennoch in der Lage, Zeit sichtbar zu machen. In seiner Arbeit „Der Fußgänger" erfaßt Otto Steinert einen vorübereilenden Fußgänger so, daß der Fuß scheinbar isoliert für einen Moment auf dem Boden ruht, während sein Körper weiter in Bewegung ist.

Die Physiker definieren Leistung als Arbeit pro Zeiteinheit ($\bar{P}$ = W/t). Ein kleines Experiment mag Sie von den alltäglichen Konsequenzen dieser Formel überzeugen. 3 Sekunden – ein Bruchteil der Zeit, den unsere Sanduhr benötigt – sollten ausreichen, um aus den nebenstehenden Buchstaben einen Begriff zu bilden, der mit unserem Thema zu tun hat (Lösung auf der folgenden Seite).

19

Ein Zitat von Mario Bellini, dem italienischen Star-Designer, kann Vorsichtige dazu ermuntern, einfach Neues auszuprobieren:

"Wenn man nichts falsch machen darf,
ist es schwierig, etwas richtig zu machen."

Mir
geht dein Geruch
nicht
aus der Nase
und deine Stimme
nicht
aus dem Ohr.
Ich spüre
deine Haut
noch immer
unter meinen Fingern
und
schmecke sie
auf den Lippen.
Ganz deutlich
hab ich dich vor Augen.
Und wenn du nicht
schnell zurückkommst
zu mir, habe ich
nicht nur
meine fünf Sinne
nimmer echt beieinand',
sondern
komme
auch noch
um den Verstand.

Quelle: Christine Nöstlinger, in: "Ein und Alles", Beltz & Gelberg

SINNE

Multisensorische Kommunikation

Schaumdruck, Duftlack, Leuchtfarben, Rubbeltexte, Veredelungen, Akustik-Chips, Banderolen, Beihefter, Warenproben oder geprägtes, rauhes Briefpapier mit haptischer Wirkung reizen die Sinne und erhöhen die Aufmerksamkeit der Printmedien. Mehr als nur Vierfarbdruck.

> *"Printmedien müssen sich sowohl auf ihre Stärke besinnen als auch im Überfluß der Informationen und Redundanzen innovativere, kreativere, flexiblere und schnellere Dimensionen anbieten: Dinge zum Anfassen, Ausprobieren, Klappen, Falzen, Trennen, Rubbeln, Riechen - kurz das gesamte Repertoire multisensorischer Kommunikation - weit über die gewohnten Beschränkungen rein visuellen Leserdialoges hinaus."*

Diese Forderung von Lothar Nadler, Anzeigendirektor bei Burda, entspringt keineswegs budgetbildender Experimentierwillkür. ImGegenteil: der Notwendigkeit, im härteren Wettbewerb Etatmittel zunehmend rationeller einzusetzen. Die unbeachtete Werbemark ist schließlich die teuerste. So ist der Wunsch, Risiken zu vermeiden - so paradox es klingen mag -, oft die riskanteste Strategie. Weil sie riskiert, mit Gewöhnlichkeit im Meer der Mittelmäßigkeiten unterzugehen. Mut zur Außergewöhnlichkeit ist deshalb oft die sicherste Strategie.

Das traditionsreiche Münchener Kaufhaus-Unternehmen, Ludwig Beck, praktiziert eine solch kennzeichnende Strategie. Es ist das »Kaufhaus der Sinne«, in dem Emotionalität die große Rolle spielt. Hier beschäftigt man sich nicht mit Zielgruppen (dieses Wort wird bei Beck schon seit Jahren nicht mehr benutzt), sondern mit bestimmten Lebensstilen, die gelebt werden. Die Münchener Werbeagentur Maßmann, Neuser peilt im Auftrag ihres Kunden auf die menschlichen Sinne. So lebt zum Beispiel die Beck Kino-Kampagne von sinnhaltigen Texten, plaziert auf farbigen Schrifttafeln mit wechselnder Typografie. Dazu eine Musik, die Atmosphäre schafft. Kein Wort wird gesprochen, kein Bild wird gezeigt. Die Idee ist, den Film erst in den

Köpfen des Zuschauers entstehen zu lassen. Ein Beweis dafür, wie Texte unterhalten und anregen können und daß sich auch ohne große Budgets gute Filme produzieren lassen.

Das Kommunikations-Konzept bei Beck setzt auf die »Bebilderung des Hauses durch Worte«. Dem subtilen Umgang mit der Sprache kommt hier ein besonderes Gewicht zu. Der Text ist das wichtigste Instrument.

Multisensorische Kommunikation par excelance zeigt eine Broschüre, die zur Eröffnung des Beck-Kaufhauses in Köln 1993 herausgegeben wurde: Der Leser wird zu einer Entdeckungsreise für Auge, Nase, Hände und Ohren eingeladen. Anstelle eines bunt bebilderten Hochglanzprospektes, der für das Sortiment wirbt, wurde ein kleines Ringbuch gestaltet, das den Weg durch das ganze Haus nachzeichnet. Hersteller, die mit ihren Marken bei Beck vertreten sind, haben dieses Projekt mit recht ungewöhnlichen Objekten unterstützt. So steuerte zum Beispiel Jockey eine eigens angefertige Herren-Unterhose en miniature im klassischen Feinripp-Design bei. Ein Tütenhersteller beteiligte sich mit einer Original-Beck-Tüte im Zwergenformat. Ein Stück Jeans mit aufgenähter Tasche enthält einen echten Ein-Dollar-Schein, was zum Anfassen und Herausnehmen verführt. Die Parfumprobe von Crabtree & Evelyn symbolisiert duftend die Kosmetikabteilung. Schwarze Spitzen zeigen einen anregenden Ausschnitt raffinierter Dessous. Emotionale Kontraste setzt das darauffolgende rauhe Stück Schmirgelpapier. Ein Anhänger weist auf Modeschmuck von Zapa hin, und die eigens produzierte CD lädt in die Musikabteilung ein. Alberto Alessi gestaltete den Rückumschlag mit persönlicher Widmung. Jede Menge also für Augen, Hände, Nasen und Ohren zum Sehen, Fühlen, Riechen und Hören. Kein Wunder, daß die Start-Auflage von 3000 Exemplaren eines derart exemplarischen Beispiels schnell vergriffen war.

Verarmung der Sinne:

Viele Manager leiden unter einem Sinnvakuum. Und sie wissen, daß sie in den nächsten Jahrzehnten Antworten finden müssen, die vorher gar nicht in ihrem Focus lagen.

Matthias Horx, Trendforscher, gelesen in Horizont

Sinnliches Lesevergnügen »Kaufhaus der Sinne«

Texte effektiver zu transportieren, direkter zum Konsumenten, das ist auch die Aufgabe von Corporate Wording. Zwei typische Weisen der Wahrnehmung können hierzu genutzt werden: Wahrnehmen über die fünf Sinne (sehen, hören, fühlen, riechen, schmecken) oder intuitives Wahrnehmen. Dazu existieren zwei Funktionen, wie jemand das, was er wahrnimmt, beurteilt: entweder logisch-analytisch oder gefühlsmäßig.

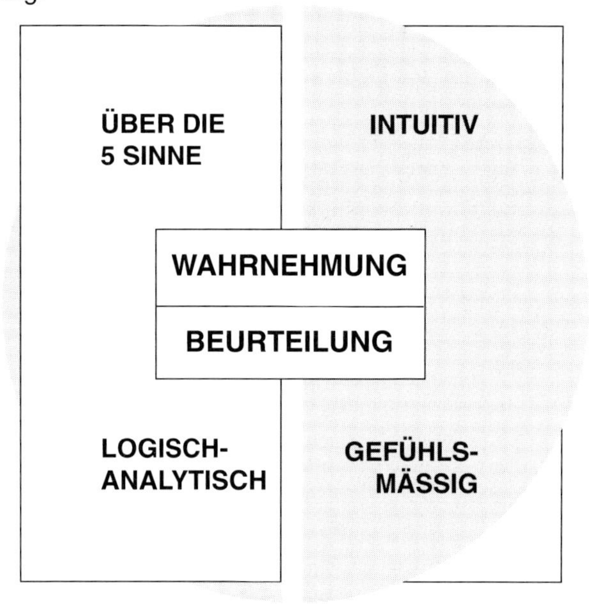

Von den fünf Sinnen dominieren je nach Situation einer mehr oder weniger. Ein Beispiel: Ein Mensch möchte sich ein Paar Winterstiefel kaufen. Er geht ins Schuhgeschäft. Der tüchtige Verkäufer greift schnell zum erstbesten Schuhkarton. Bei der Anprobe fühlt der Kunde ein Unbehagen und sagt: "Die Sohle fühlt sich aber kalt an." Der Verkäufer erwidert: "Aber sonst stehen Ihnen die Stiefel sehr gut. Die Farbe paßt ausgezeichnet zu Ihrer Hose. Sehen Sie einmal in den Spiegel". Was läuft in diesem Szenario falsch? Der sinnengeschulte Verkäufer hätte durch die Wörter 'fühlt' und 'kalt' ganz anders reagiert. Etwa so: "Ja, Sie spüren das genau richtig. Jetzt legen wir für die ganz kalten Wintertage eine warme Lammfellsohle hinein. Und in der Übergangszeit nehmen Sie die Einlage einfach raus, damit Ihre Füße sich im angenehm erfrischenden Klima wohlfühlen." Das überzeugt den Kunden.

Unendlich viele solcher Erlebnisse sind alltäglich. Am Beispiel wurde deutlich, was passiert, wenn die Wahrnehmungen des Kommunikationspartners ignoriert werden. Wer das Instrumentarium der Wahrnehmungskanäle für Corporate Wording nutzt, kann seine Leser positiv beeinflussen. Wenn dem Leser das Gefühl vermittelt wird, "der schreibt genau meine Sprache", herrscht Übereinstimmung. Und trotz persönlicher Distanz entsteht Sympathie. Die Kunst erfolgreicher Gespräche liegt darin, den bevorzugten Wahrnehmungskanal seines Gesprächspartners zu erkennen und ihn unmittelbar selbst anzuwenden. Im schriftlichen Dialog ist das nicht möglich. *Multisensorisches Texten* heißt die Forderung. In einem Angebot kann das etwa so klingen:

visuell: Werfen Sie gleich einen **Blick** in das Angebot.

taktil: Gerne möchten wir mit Ihnen gemeinsam das Projekt **anpacken**.

auditiv: **Hören** wir wieder von Ihnen?

In einer Einladung zu einem Multimedia Festival klang das so:

Am 10.11. werden Ihnen
die **AUGEN** geöffnet,
die **OHREN** gespitzt
und der **MUND** wässrig gemacht.

Die Programmpunkte:

- Das **sieht** Apple ähnlich
- Eine Nacht zum **Hinhören**
- Multimedia in aller **Munde**

Aus dem Inhalt:

Multimedia zum **Anfassen**.
Neben einem umfangreichen Show- und Präsentationsprogramm als **Augen**- und **Ohrenschmaus** sorgen wir auch für Ihr leibliches Wohl, denn es sollen alle Sinne zu ihrem Recht kommen.

So, wie sich mit Texten Gedächtnisbilder beim Leser abrufen lassen, können mit wahrnehmungsnahen Wörtern Sinnenreize inszeniert werden: das Zwitschern einer Amsel (akustische Vorstellung), der Duft von Kaffee (geruchliche Vorstellung), der Saft einer Orange (geschmackliche Vorstellung) oder auch die Zartheit von Babyhaut (taktile Vorstellung). Wörter wie Frische, Kühle oder Wärme, die sensorische Eigenschaften beschreiben, lösen entsprechende Assoziationen aus, noch bevor erste bildliche Vorstellungen dazu entstehen. Paivio und andere Wissenschaftler sprechen von einer dualen Kodierung. Ein Beispiel:

Frische: Der Körper **spürt** kaltes Wasser
man denkt an Duschen, Wasserfall,
Gebirgsbach oder das Gedächtnis
assoziiert bildlich über **kühle Luft**
Wind, Böen an der Küste,
Haare im Wind usw.

Petri nennt in seinem Buch *Entstehung und Entwicklung kreativer Werbeideen* noch ein weiteres Beispiel: Ein bestimmtes Reizwort, z.B. *Tropen*, aktiviert zum Beispiel die Vorstellungen von *heiß, Hitze, Luftfeuchtigkeit,* die dann wiederum eine gedankliche, visuelle Verbindung zum *Urwald, Regenwald* etc. herstellt.

Unternehmenssprache definiert sich um so mehr als Mittel der Steuerung des Bewußtseins, je mehr Sinne mit Wörtern angesprochen werden. Corporate Wording muß sich *multisensorisch* mitteilen. Die Vielseitigkeit hier am Beispiel von Sehen, Hören und Fühlen:

Welche Sinneskanäle bevorzugt der Leser?

Sehmenschen: Die visuellen Typen reagieren auf »Sehen«.

Wörter, die »gesehen« werden:

Perspektive, Einblick nehmen, Licht werfen auf, das leuchtet uns ein, erkennen, zwielichtig, glasklar, verschwommen, gutaussehend usw.

Umschalten auf den visuellen Kanal:

Stellen Sie sich vor, so klein und leicht wie eine Streichholzschachtel.
Sehen Sie das nicht auch so, daß...
Werfen Sie einen Blick in unser Angebot...

Typische Wortwahl des Sehmenschen:

Bestätigungen:
Das sieht gut aus.
O.K., ist doch sonnenklar.
Da sehe ich eine gute Möglichkeit.

Reklamationen:
Das sehe ich nicht ein.
Ich stelle mir das so vor...
Das müssen Sie doch auch so sehen.

Hörmenschen: Die auditiven Typen reagieren auf »Hören«.

Wörter, die »gehört« werden:

Laut, leise, hört sich gut an, klingt vernünftig, Klang, Ton, bejahen, betonen usw.

Umschalten auf den auditiven Kanal:

Diese Küchenmaschine summt so leise wie...
Klingt unser Angebot nicht gut?
Hören Sie auf unseren Rat.

Typische Wortwahl des Hörmenschen:

Bestätigungen:
Das hat ganz überzeugend geklungen.
Ich werde Ihnen Bescheid sagen.
Ihr Vorschlag hat sich gut angehört.

Reklamationen:
Ich höre wohl nicht recht!
Habe ich richtig gehört? Sie wollen...
Mir klingt's noch in den Ohren. Damals haben Sie aber...

Text muß über das Ohr klingen.

Peter Weber, Schweizer Autor, in einem TV-Interview.

Fühlmenschen: Die taktilen Typen reagieren auf »Fühlen«.

Wörter, die »gespürt« werden:

Anpacken, bewegen, begreifen, umsetzen, flau im Magen, es belastet, rauh, nachfühlen, einen schlechten Beigeschmack, in den Griff bekommen usw.

Umschalten auf den taktilen Kanal:

Fühlen Sie doch einmal die glatte Oberfläche...
Spüren Sie auch, daß heute der Tag ist, an dem Sie...
Begreifen Sie bitte, ich möchte doch nur...

Typische Formulierungen des Fühlmenschen:

Bestätigungen:
Fühlt sich gut an.
Ich habe bei der Sache ein ganz gutes Gefühl.
O.K., ich habe alles im Griff.

Reklamationen:
Ich fühle mich bei der Sache ganz unwohl...
Schon allein beim Gedanken daran verspüre ich einen flauen Magen.
Sie haben wohl überhaupt kein Gespür...

Man

muß

so

schreiben,

daß die Wörter

explodieren wie

Kanonen im Feuer!

Quelle: Max Frisch, gesehen bei: Zanders Feinpapiere AG

ERWARTUNGEN

Wahrnehmung und Beurteilung

Jeder Mensch hat durch seine Einstellung bestimmte Erwartungen an ein Produkt oder an eine Dienstleistung. Erwartungen lassen sich danach unterscheiden, ob materielle Ansprüche gestellt werden (z.B. Schuhe mit Ledersohle) oder ob ein oder mehrere Sinne im Vordergrund stehen (z.B. bequeme Schuhe). Entweder überlagert das Denken alles Fühlen oder das Gefühl verschluckt das Denken, ganz nach der Einstellung. Wobei die meisten Kaufentscheidungen nach dem Gefühl getroffen werden.

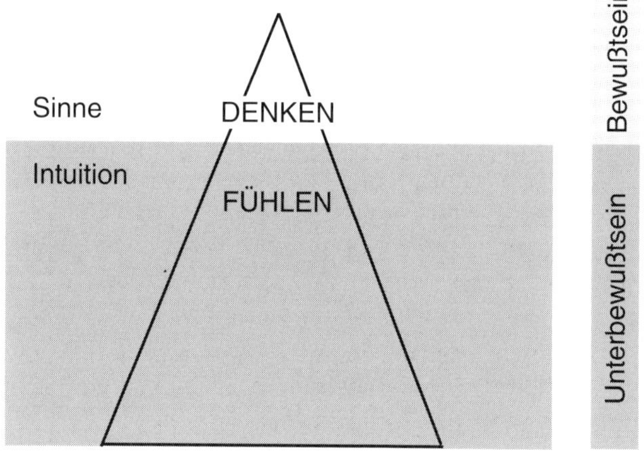

nach Sigmund Freud: nur 1/5 bis 1/7 eines Eisberges ragt über das Wasser hinaus.

Die Einstellung ist eine Bereitschaft der Psyche, in einer bestimmten Richtung zu agieren oder zu reagieren. Bestimmte Reize wirken zu bestimmten Zeiten beim einen stark, beim anderen gar nicht. Einstellung bedeutet eine Erwartung, die immer auswählend und richtunggebend ist. Ein stark betonter, im Blickfeld des Bewußtseins befindlicher Inhalt fördert die Wahrnehmung und Aufmerksamkeit alles Gleichartigen und hemmt alles Ungleichartige. Beispiel: Jemand interessiert sich für ein Mountainbike aus Aluminium. Er erwartet von dem Produkt, daß es leicht und rostfrei ist, und sieht gedanklich das Gestell im glänzenden *Aluminiumlook*. Betritt er ein Fahrradgeschäft, suchen seine Augen unter hundert Rädern ein Modell im Aluminiumlook. Er entdeckt schließlich zwei, die anderen 98 Räder nimmt er nur als diffuse Masse wahr. Das Beispiel läßt sich auch beim Durchblättern eines Kataloges beobachten.

Solch eine rationale Sachvorstellung ist eine bewußt erlebte Anforderung an ein Produkt. Emotionale Erwartungen an die Wirkung sind Wünsche, die ohne rationale Überlegungen entstehen. Der Schweizer Arzt und Psychologe *Carl Gustav Jung* hielt an der Vorstellung fest, daß die Menschen zwar in vielfältiger Weise fundamental verschieden sind, aber Einstellungen und Funktionen menschlichen Verhaltens Ähnlichkeiten aufweisen. Daher sind auch Aussagen über künftiges Verhalten möglich. Er hat mit seiner Typologie ein Instrumentarium geschaffen, mit dem Gegensätze, Auseinandersetzungen und menschliche Beziehungen erklärbar werden. Seine Typenlehre ist kein System, den Menschen zu schematisieren, sondern ein Instrument zur Orientierung, um mehr Verständnis für sich selbst und für seine Mitmenschen zu finden.

Die beiden Grundeinstellungen des Menschen (entweder die seelischen Energien vorwiegend nach außen auf Objekte oder nach innen auf das Selbst gerichtet) unterteilte er in den *extravertierten* und *introvertierten* Typus. Der eine sieht alles unter dem Blickwinkel seiner Auffassung, der andere unter dem des objektiven Geschehens. Jeder Mensch mit durchschnittlichem Lebensverlauf besitzt beide Mechanismen, die rhythmisch wechseln. Das relative Überwiegen des einen oder des anderen macht den Typus aus. Dieser entscheidet aber nicht nur zwischen Subjekt und Objekt, sondern wählt jene Bewußtseinsfunktion aus, deren er sich vorzugsweise bedient. Jung unterscheidet die vier Funktionen *Empfindung, Denken, Gefühl* und *Intuition*. Die Empfindung stellt das IST fest, das Denken stellt die BEDEUTUNG in den Vordergrund, das Gefühl den WERT einer Sache und die Intuition vermutet und ahnt das WOHER und WOHIN. Empfindung und Intuition auf das Gegebene bezeichnet Jung als *irrationale*, Denken und Fühlen als *rationale* Urteilsfunktion. Diese vier Bewußtseinstypen verbinden sich stets mit dem Einstellungstypus.

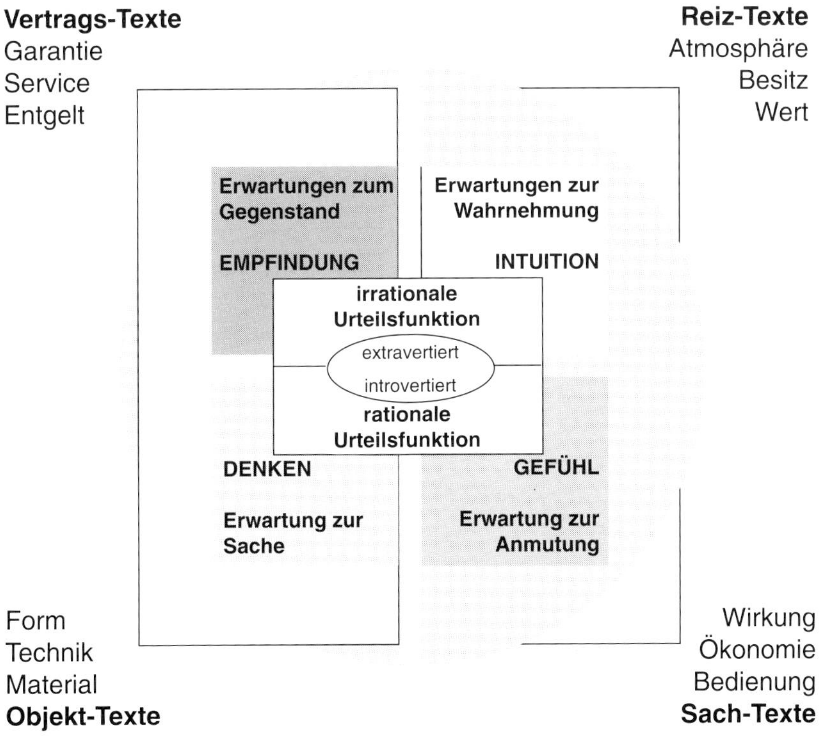

Die vier Funktionstypen lassen sich mit treffenden Worten, die in Corporate Wording ebenfalls in vier Gruppen unterteilt wurden, ansprechen. Dazu mehr im nächsten Kapitel. Um den jeweiligen Einstellungs- und Bewußtseinstypus in schriftlichen Informationen erreichen zu können, wird in diesem Buch zwischen Objekt-, Sach-, Vertrags- und Reiz-Texten unterschieden.

Objekt-Texte

Die Informationen über Material, Technik oder Funktion entsprechen der beurteilenden Einstellungsfunktion.

OBJEKT - TEXTE

Elementare Informationen	Komplexe Informationen
Material Art, Zusammensetzung, Aufbau, Behandlung, Oberfläche u.a.	**Konstruktion** Anordnung, Quantität u.a.
Form Art, Variation u.a.	**Funktionsprinzip** Systemlösung, Umsetzung, Energieaufwand, Historik u.a.
Farbe Art, Helligkeit, Kombination u.a.	**Details** Bestandteile, Ergänzungsteile u.a.
Zeichen Art, Form, Layout u.a.	

Sach-Texte

Diese Informationen sollen dem Leser seine beurteilenden Einstellungen zur Wirkung, Bedienung und Ökonomie spiegeln.

SACH - TEXTE

Wirkung

Technik
Mechanik,
Elektrik, Optik,
Akustik,
Chemie u.a.

System
Kombination,
Applikation u.a.

Anpassung
Raum, Klima,
Boden, Licht,
Luft, Umwelt
u.a.

Organismus
Ernährung,
Bekleidung,
Wohnung,
Hygiene,
Bewegung u.a.

Bedienung

Vorbereitung
Transport,
Lagerung,
Installation,
Montage,
Anpassung u.a.

Benutzung
Inbetriebnahme,
Kontrolle,
Außerbetriebnahme u.a.

Erhaltung
Schutz, Pflege,
Wartung,
Reparatur,
Ersatz u.a.

Entsorgung
Recycling,
Vernichtung u.a.

Zusatznutzen
Zweitverwertung,
Zubehörausbau
u.a.

Ökonomie

Lebensdauer,
Zuverlässigkeit,
Reparatur,
Energieverbrauch,
Wiederverkäuflichkeit,
Wertverlust u.a.

Vertrags-Texte

Beurteilende Einstellungen zu einem Produkt können auch ganz bestimmte Vorstellungen zu den Kaufmodalitäten enthalten, die sich in vier Gruppen zusammenfassen lassen:

VERTRAGS - TEXTE

- **Service**
  - **Leistung** Installation, Montage, Anpassung, Pflege/Wartung, Reparatur, Ersatzteile u.a.
  - **Ort** Hersteller, Zweigniederlassung, Vertragshändler, Fachhändler u.a.
  - **Bedienung** Dauer, Kosten u.a.
  - **Garantie** Umfang, Dauer, Durchführung, Bedingungen u.a.
- **Präsenz**
  - **Ort** flächendeckend, selektiert, Qualität des Ortes u.a.
  - **Zeit** Vorrätigkeit, Nachlieferung, Ersatz u.a.
  - **Art** (Modalität) Zustellung, Abholung, Limitation, Abweichung u.a.
- **Entgelt**
  - **Preis** hoch, gemischt, konstant, tief u.a.
  - **Rabatt** Menge, Zeit u.a.
  - **Zahlung** Frist, Skonto, Inzahlungnahme u.a.
  - **Kredit** Höhe, Kosten, Bereitstellung u.a.
  - **Leasing** Leistungen, Kosten u.a.
- **Kommunikation**
  - **Ort** Hersteller, Einzelhandel, Institution, Medien u.a.
  - **Umfang** Gesamtinfo, Einzelinfo, Vergleiche, Bedingungen u.a.
  - **Art** persönlich, telefonisch, schriftlich, elektronisch u.a.
  - **Zeit** Reaktion, Kontinuität u.a.

Reiz-Texte

Die Vermittlung von Informationen über die Anmutung eines Produktes bildet den Gegenpol zu den Sachinhalten. Das Intuitive, Unbewußte steht hier im Vordergrund, um die wahrnehmenden Einstellungsfunktionen zu befriedigen.

REIZ -TEXTE

Empfindungen

Wert
Hochwertigkeit,
Überlegenheit,
Bereicherung u.a.

Vertrauen
Zuverlässigkeit,
Haltbarkeit u.a.

Zeit
Gegenwart,
Vergangenheit,
Zukunft, Zeitlosigkeit u.a.

Ästhetik
Schönheit, Harmonie u.a.

Atmosphäre
Stimmung, Anregung,
Begeisterung,
Entspannung,
Abenteuer u.a.

Wahrnehmung
Seherlebnis, Hörerlebnis,
Tasterlebnis,
Gesamterlebnis,
Riecherlebnis u.a.

Antrieb

Besitz
Schaffensdrang,
Selbstbehauptung,
Eigenmacht,
Besitzwollen u.a.

Sicherheit
Schutzdrang u.a.

Sozialethik
Gesundheit,
Geborgenheit,
Fürsorge,
Geselligkeit u.a.

Daseinssteigerung
Selbstbestätigung,
Selbstdarstellung,
Neugier, Handlung,
Freude u.a.

Fallbeispiel:

Die Erwartungen eines Hotel-Gastes

Hinter einer romantischen Fassade des Schindlerhofs in Nürnberg werden Spitzenleistungen erbracht. Klaus Kobjoll, 1990 zum Hotelier des Jahres gewählt, motiviert sich und seine Crew zu höchster Leistung. Auf dem Schindlerhof fühlen sich alle Teammitglieder für jeden Gast selbst verantwortlich. Nicht zuletzt die Unternehmensphilosophie garantiert dem Gast einen angenehmen Aufenthalt.

Die Bedürfnisse und Erwartungen eines Gastes und die damit verbundenen Leistungen wurden im Schindlerhof zu Papier gebracht. Hier ein Auszug:

Einstellung/Erwartung:
verkehrsgünstig gelegen

Leistung:
Drei Städte mit insgesamt 1 Million Einwohner im Umkreis von 10 Autominuten, 5 Autominuten zum Flughafen und zur Autobahn, Bushaltestelle vor der Tür.

Einstellung/Erwartung:
Reklamationen werden ernst genommen und nett abgewickelt

Leistung:
Bei Reklamationen reagieren wir großzügig, z.B. mit einem persönlichen Schreiben oder einem Gutschein für ein "Wiedergutmachungs-Essen".

Einstellung/Erwartung:
Gast will erkannt und mit Namen angesprochen werden

Leistung:
Sorgfältig geführte Gästekartei, Namen aller Gäste stehen auf einer großen Tafel vor dem Eingang, originelle Reservierungsschilder mit Namen, tägliche Servicebesprechung: wer kennt wen/wer sitzt bei wem?

Einstellung/Erwartung:
Gast will ausführlich über das Haus informiert werden

Leistung:
Inhouse-Promotion, wohin man schaut, Unternehmens-Philosophie mit der Geschichte des Unternehmens liegt offen aus,

Netzwerk mit den Bildern aller Mitarbeiterinnen und Mitarbeiter im Eingangsbereich, ausführliche Speisekarte mit viel Text über das Essen und über das Haus.

Einstellung/Erwartung:
Herzlicher, kommunikativer Service

Leistung:
Restaurantleiterin ohne Kellnerfunktion hat Zeit für Gäste, gekennzeichneter Restaurant-Empfang mit ausgeklügeltem Reservierungssystem, Auswahl der Servicemitarbeiter ausschließlich nach Kriterien Herzlichkeit/sympathische Ausstrahlung.

Ein Auszug aus den »Spielregeln«:

Kreativzentrum Schindlerhof
Tagen im Gleichklang von Geist und Gefühl

Die Spiel Kultur

Wir befriedigen die hohen Ansprüche unserer Gäste ohne Einschränkung. Mit unseren Sach- und Dienstleistungen gewinnen wir das Vertrauen unserer Gäste nicht nur, sondern behalten es auch. Daher gehen wir auf ihre Wünsche und Probleme ständig ein.

Der Gast steht im Mittelpunkt unseres Tuns. Daher sind alle Mitarbeiterinnen und Mitarbeiter vor allem Gastgeber, für die Herzlichkeit und Freundlichkeit oberstes Gebot sind.

Der Betreff des Schindlerhof-Briefes an Interessenten:

Welche Freude,
wir dürfen uns vorstellen!

Das »Betthupferl« auf dem Kopfkissen:

Lieber Gast,
wir wünschen Ihnen
eine gute Nacht und
angenehme Träume.
Damit Sie sich besser
auf den morgigen
Tag einstellen können,
hier unsere
Wettervorhersage...

Psychologie

Angenommen,

du wärst zuoberst

auf einer

Leiter angekommen,

sähest dich um

und du würdest

erst jetzt entdecken,

daß alle Sprossen fehlten,

ebenso die zwei Holmen -

glaub mir,

du würdest

hinunterfallen

vor lauter Schrecken

Quelle: Hans Manz, in: "Die Welt der Wörter", Beltz & Gelberg

TYPOLOGIE

Grundmuster des Verhaltens

Viele Konsumenten sind von einer Technik-Müdigkeit befallen. Stärker als in den vergangenen Jahren sucht der Verbraucher nach seinem persönlichen Produktnutzen. Agenturen sprechen von einer »Ego-Gesellschaft« oder einem neuen »Age of me«. Mit neuen Markenstrategien will man dieses »isolationsgefährdete Ego in ein gesellschaftliches Wir« einbinden. Der Kunde habe sich zu einem Menschen gewandelt, der seine Identität wie sein Hemd wechsele. Das soll heißen: Dem multioptionalen Verbraucher offenbaren sich täglich neue Wünsche.

Die Gesellschaft für Konsumforschung, GfK, hat bereits 1992 den Globaltrend zum »multioptionalen Anspruchsniveau« festgestellt. Der Otto Normalverbraucher heißt heute »Markus Möglich«, der als Konsument unkalkulierbar ist und zwischen Luxus und Bescheidenheit pendelt. Statt "ich bin, *was* ich habe" gilt "ich bin, *wie* ich es ausgebe." Damit fällt es den Werbetreibenden immer schwerer, sich in die Konsumenten hineinzuversetzen. Das ist ein Veto für die von Corporate Wording angestrebte typen- und sinnorientierte Wandlung in der Kommunikation. Ziel ist, nicht die dem Trendzyklus unterworfene Produktleistung zu optimieren, sondern eine Beziehung zum ewig lebenden Typus und zu den unveränderbaren Sinnen herzustellen. Anknüpfungspunkte sind einerseits die Sehnsüchte des Menschen und anderseits die Triebfeder tagtäglicher Aktivitäten.

Es reicht eben nicht, dem Konsumenten nur einen Benefit und ein Reason-Why andrehen zu wollen. Erst die Persönlichkeit macht eine Person, ein Unternehmen oder ein Produkt aus. Und die äußert sich nicht durch rationale Momente. Sie zeichnet sich dadurch aus, daß sie dialogfähig ist. Das jedoch ist Werbung selten und Korrespondenz zuallerletzt. Auch der kreativste Monolog kann keinen glaubwürdigen, emotionalen Dialog ersetzen. Man wird um die psychologische Auseinandersetzung zwischen Konsument, Produkt, Unternehmen und Mitarbeiter nicht herumkommen. Ein längst fälliger Übergang von sach-, marken- und technikorientierten Texten zu einer Schreibkultur, die sich mit Leidenschaft um das *Reaktionsverhalten* seiner Leser sorgt.

Der individuelle Verbraucher deckt seinen Bedarf bei Aldi, geht zu Tchibo, trägt Boss, bestellt bei Ikea, ißt an der Bratwurstbude und genießt Hummer im Spitzen-Restaurant. Das bedeutet: Der gutverdienende Luxuslimousinen-Fahrer kauft auch im Billigladen ein, oder der einfache Arbeiter leistet sich regelmäßig teuren Wein. *Den* Verbraucher und *die* Zielgruppe gibt es in der Tat nicht mehr. Wohl aber *Grundmuster unseres Verhaltens*, die sich wie die Einstellungen typisieren lassen und im wesentlichen beständig sind. Der Fachbegriff Typologie kommt aus der Psychologie und bezeichnet die Untersuchung von Typen innerhalb eines bestimmten Systems. Schon zur Zeit der griechischen Antike entwarf Empedokles die Theorie von den vier Temperamenten. *Jungs* Typentheorie sollte herausfinden, wie jemand bevorzugt die Welt wahrnimmt und wie er aufgrund seiner Wahrnehmungen Entscheidungen fällt.

Erfolg beruht auf Erkenntnis

Schon über den Pforten des griechischen Tempels stand der klassische Satz "Erkenne Dich selbst". Erfolg beruht bekanntlich auf Erkenntnis, denn wer sich selbst kennt, kann auch seine Mitmenschen besser verstehen. Der folgende Test klärt darüber auf, welches psychologische Kommunikations- und Verhaltensmuster bei einem selbst dominiert. Die Fragen sind so aufgebaut, daß die jeweiligen Anteile verschiedener Grundtypen in einem *Kommunigramm* selbst ermittelt werden können. Bevorzugt man eher sachbezogene, praxisorientierte, emotionale oder erlebnisvermittelnde Texte? Reagiert man mehr auf spontane, kalkulierende, sensible oder traditionelle Themen? Die kurze Eigenanalyse versucht, Antwort darauf zu geben. Der Test wird in Corporate Wording Seminaren unmittelbar nach Vortrag des Märchens, das zu Beginn des Buches vorgestellt wurde, zur Einführung in die Thematik durchgeführt. Richtige oder falsche Antworten gibt es nicht. Jeder Mensch tendiert einmal mehr zu der einen oder anderen Neigung. Es geht darum, anzukreuzen, welche Möglichkeiten einem am meisten liegen, welche am natürlichsten klingen, im Gegensatz zu dem, was man für richtig hält oder nur gelernt hat. Die Antworten sollten spontan angekreuzt werden. Wer sich nicht entscheiden kann, kreuzt alle Möglichkeiten an. Fragen dürfen auch übersprungen und später beantwortet werden.

1. Teil

	NIE	SELTEN	HÄUFIG	IMMER
Kleidung einkaufen ist ein schönes Erlebnis.	▲	■	●	★
Vorschriften müssen immer eingehalten werden.	★	●	■	▲
Ich verlasse mich bei Entscheidungen auf meine Gefühle.	▲	■	★	●
Ich achte im Beruf auf korrekte Erscheinung.	●	★	■	▲
Ich arbeite sehr systematisch.	★	●	■	▲
Die besten Ideen kommen von mir.	■	●	▲	★
Die Technik ist in meinem Beruf wichtiger als Form und Farbe.	★	●	■	▲
Ich kann andere Menschen gut motivieren.	■	▲	●	★
Ich finde bei Aufgaben schwer den Anfang.	★	▲	●	■
Auf (Kunden-)Gespräche bereite ich mich sehr detailliert vor.	★	●	■	▲
Tagesereignisse diktieren meinen Arbeitsrhythmus.	■	▲	●	★
Ich entscheide spontan und setze es dann sofort um.	■	▲	●	★
Ich stelle mir meine Ziele immer bildlich vor.	■	▲	●	★
Meine Kleidung betrachten andere als konservativ.	★	●	▲	■
Mich interessiert Technik mehr als Kunst.	★	●	■	▲

2. Teil

Welches Wort aus jeder Wortgruppe spricht Sie am meisten an?

HighTech	▲	konstruieren	▲	sachlich	▲
Neues	★	erfinden	★	ungewöhnlich	★
Tradition	■	gestalten	●	beständig	■
Natur	●	ordnen	■	harmonisch	●

3. Teil

Welche der folgenden Formkombinationen gefallen Ihnen am besten?

Abbildung 1 ▲

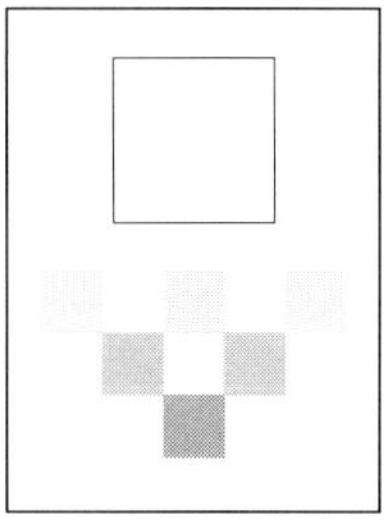

Abbildung 2 ■

Abbildung 3 ★

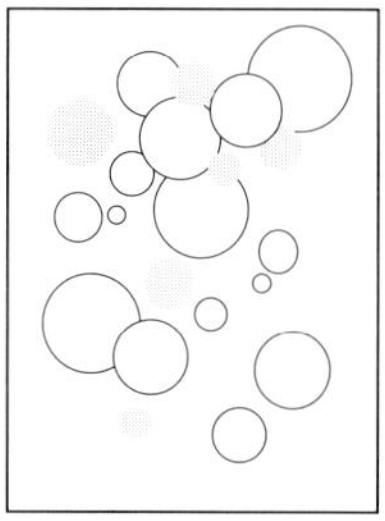

Abbildung 4 ●

Die jeweils angekreuzten Symbole zusammenzählen und die Summe hier eintragen:

▲ ☐
■ ☐
★ ☐
● ☐

Beispiel:

▲ = 3 ★ = 9
■ = 2 ● = 5

Die Anzahl auf die jeweilige Punkteline der vier entsprechenden Felder von innen nach außen abzählen und markieren. Die vier Markierungen wie im Bildbeispiel unten rechts durch Linien miteinander verbinden.

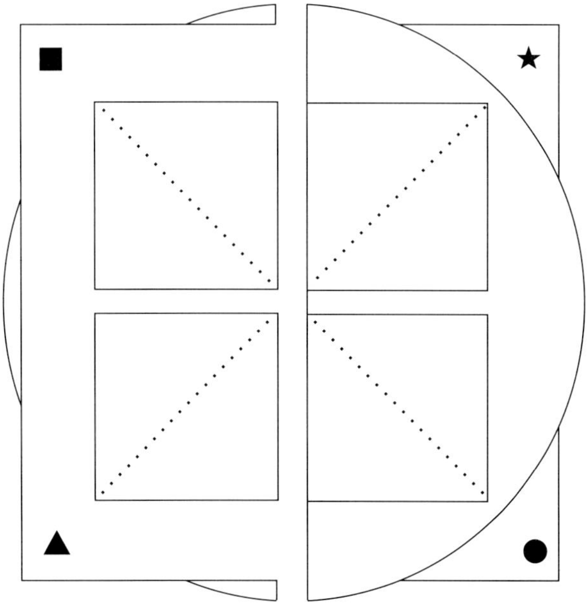

Beispiel:

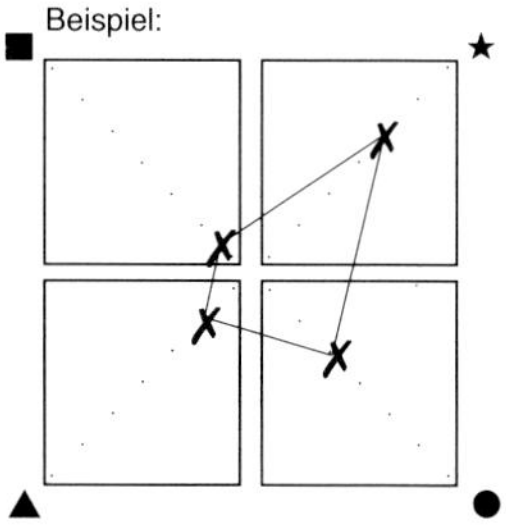

Natürlich soll mit dem Ergebnis nichts festgeschrieben sein. Der Mensch ist vielseitiger als es je ein Test messen könnte. Die Antworten können bei späterer Wiederholung auch anders ausfallen. Die Auswertung dient als Modell, das visualisiert, welche von vier Informationen bevorzugt verarbeitet werden. Meist werden in dem Kommunigramm zwei bis drei Felder mehr oder weniger ausgeprägt im Vordergrund stehen.

▲ Feld unten links

Der Leser als Perfektionist.
Er forciert gerne Daten z.B. über Techniken, Zahlen oder Fakten.
(mehr darüber auf Seite 96)

■ Feld oben links

Der Leser als Konservativer:
Er interessiert sich für Nachrichten z.B. über Bewährtes, Qualität oder Zuverlässigkeit.
(mehr darüber auf Seite 98)

★ Feld oben rechts

Der Leser als Impulsiver:
Er bevorzugt intuitiv erlebnisvolle, kurzweilige Texte z.B. über Abenteuer, Neuheiten oder Innovationen.
(mehr darüber auf Seite 100)

● Feld unten rechts

Der Leser als Emotionaler:
Er sucht nach ausführlichen Informationen z.B. über Mitmenschen, Umwelt oder Lebensqualität.
(mehr darüber auf Seite 102)

Ich liebe die Idee, mehr als ein einzelner Mensch zu sein. Chloé ist meine sanfte Seite, Karl Lagerfeld die harte. Bei Chanel spiele ich eine Rolle, bin ich Schauspieler, das ist eine Interpretation. Fendi ist meine italienische, KL meine deutsche Variante.

Karl Lagerfeld zu seiner kreativ-multiplen Persönlichkeit, gelesen in HORIZONT 44/93

Psychologische Typenansprache

Dieser Test kann an Fragebögen von Persönlichkeitsanalysen erinnern. Sie basieren auf verschiedenen Ordnungsprinzipien, die in Unternehmen, von Unternehmensberatern und Trainern gerne angewendet werden: Das Struktogramm zum Beispiel beruht auf der Evolutionstheorie. Stamm-, Zwischen- und Großhirn werden bestimmte Eigenschaften zugeschrieben, die sich beim Menschen mehr oder weniger bemerkbar machen. Das Herrmann-Dominanz-Modell, HDI, geht davon aus, daß die Persönlichkeit des Menschen von der Hirnfunktion her gesteuert wird, und unterscheidet zwischen der analytischen linken und der emotionalen rechten Hirnhälfte. Das DISG-Persönlichkeitsprofil ist ein ähnliches, in manchen Bereichen vergleichbares Instrument zum HDI, das sich an der Funktion der Psyche orientiert und auf Forschungen von Jung basiert. Im Grundkontext bauen diese und ähnliche Instrumente auf die Grundlagenforschung von Jung, beschreiben aber mehr die *Inhalte* von Persönlichkeit und Charakter, also *wie* ein Mensch ist oder denkt. Jung dagegen versuchte menschliches Verhalten im voraus zu erkennen. Seine typologischen *Funktionen* beschreiben *vorhersagbare Prozesse* der Wahrnehmung und Entscheidungsfindung, die sich im Menschen abspielen. Die Inhalte liegen bei Jung in den Archetypen. Das sind innere Bilder und Verhaltensmuster, die als Reaktion auf Situationen abgerufen werden. Da mit Jungs Typologie Verhalten vorausgesagt werden kann, wurde sie zum Bestandteil von Corporate Wording. Wie schon im Kapitel über Einstellungen und Erwartungen erwähnt, ordnete Jung dem extravertierten und introvertierten Typus die vier »Funktionen« Denken, Fühlen, Empfinden und Intuition zu. In der Regel stehen im Menschen zwei bis drei dieser Funktionen im Vordergrund. Selten, daß nur eine Funktion permanent dominiert und die übrigen undifferenziert im Hintergrund bleiben. Zum Beispiel zeigt die Auswertung von fast 1 Million Fragebogen zur Ermittlung von vier möglichen Hirndominanzen (HDI), daß etwa 7 Prozent der Befragten überproportional einfach dominant, 60 Prozent zweifach, 30 Prozent dreifach und etwa 3 Prozent vierfach dominant sind.

Vom Verständnis der Typologien her sicher kein Zufall, daß in dem Land, in dem Jung lebte und forschte, seit rund 20 Jahren die empirisch abgestützte »Psychologische Karte der Schweiz« (DemoScope Marktforschungsinstitut, Adligenswil) herausgegeben wird. Diese Marktlandschaft basiert auf *Grundverhalten und Wertvorstellungen* des Menschen, also jenen Faktoren, mit denen sich heute viel besser das Marktverhalten steuern läßt als mit der Soziodemografie. "Konservativ" im Süden des Achsenkreuzes bedeutet, daß dort bewahrende Werterhaltungen angesiedelt sind. Hier ist der Käufer treu, hält sich an das Bewährte, an Traditionen. Neue Angebote - auch wenn sie genau auf die südliche Zielgruppe abgestimmt sind - finden nur langsam Einlaß. Ganz anders im Norden: Hier ist man auf Veränderung aus. Spontaneität, Innovationen und HighTech werden geschätzt. Das Schlimmste für "Nordländer" ist ein Markt, in dem sich nichts bewegt, das Beste: Abenteuer und Sinneskitzel. Die Waagrechte der psychologischen Marktkarte geht von "Außen" nach "Innen". Mit "Außen" sind die materiellen Werte gemeint. Hier im Westen befinden sich die wirtschafts- und konsumfreudigen Kreise der Gesellschaft. Gleichzeitig sind sie in hohem Maße kontaktfreudig und extravertiert. Produkte für den Westen sollen das Leben bequemer machen, die Werbung das Prestige erhöhen. Man zeigt gern, was man hat. Im Osten finden sich ideelle Werte, Emotionen dominieren. Der Konsum steht nicht im Vordergrund; er ist eher notwendiges Übel. Produkte für den Osten müssen zweckdienlich und integer, die Werbung selbstkritisch sein. Die Technik der Marktlandschaft ist in allen Märkten angebracht, bei denen die Nachfrage breit abgestützt ist und die eine starke psychologische Komponente haben. Ganz besonders in den Bereichen Konsum- und Gebrauchsgüter, Dienstleistungen und Medien. Selbst bei Untersuchungen in den Bereichen Human Resources (Mitarbeiterbefragungen) und Politik bringt sie aufschlußreiche Einblicke.

PSYCHOLOGISCHE KARTE DER SCHWEIZ

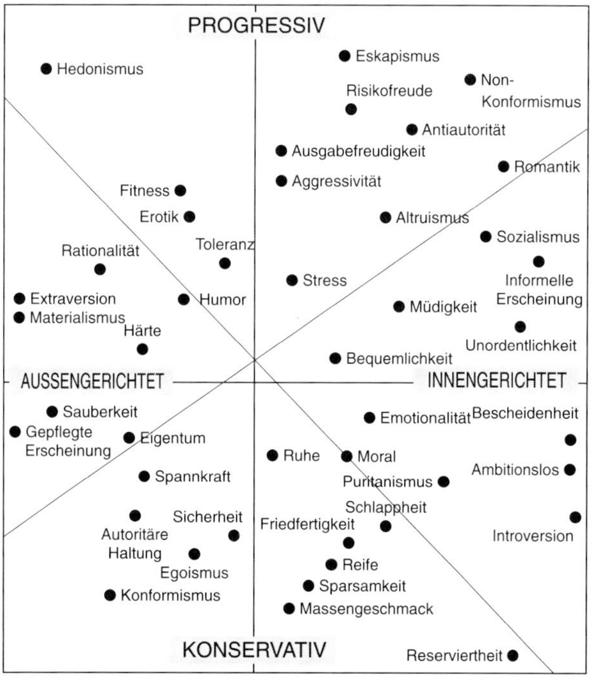

Auch die Arbeitsgemeinschaft für das Werbefernsehen (AGW), Bern, orientiert sich an Typen mit psychografischen Merkmalen. Die sogenannten "Euro-Styles" vom Institut für Marktanalysen und Gesellschaft für Marketing, IHA/GfM, Hergiswill, Schweiz, sind keine theoretischen Konstruktionen, sondern vielmehr eine empirisch aus der Analyse der Datenfülle von Panel-Befragungen abgeleitete reelle Typologie, bei der die *psychologischen Motive* und *Wertorientierungen* mit ihrem wirtschaftlichen *Verhalten* verknüpft wurden. Diese 16 Euro-Styles lassen sich den 4 Jung-Typen zuordnen, worüber der Autor im Fachmagazin CT-Business, Zürich 1993, publizierte.

Der Vollständigkeit wegen soll hier noch der Myers-Briggs-Typenindikator erwähnt werden *(MBTI)*, in dem Jungs Typologie um einen vierten Aspekt und somit auf 16 Typen ergänzt wurde:

	FUNKTIONEN	
Jung/MBTI	Sinnliche Wahrnehmung (Sinne)	Intuitive (Ahnung)
Jung/MBTI	Analytische Beurteilung	Gefühlsmäßige Beurteilung

	EINSTELLUNGEN	
Jung/MBTI	Extraversion (Außenorientierung)	Introversion (Innenorientierung)
MBTI	Beurteilung (Neigung zur Offenheit)	Wahrnehmung (Neigung zur Geschlossenheit)

Wesentlicher Bestandteil der Jungschen Typenlehre sind Polarität und dynamisches Gleichgewicht, also ein Leben, das aus Gegensätzen besteht. Menschen bevorzugen einen der beiden Pole und vernachlässigen den anderen. Wer sich in einer Situation auf sein Gefühl verläßt, kann nicht gleichzeitig seinen Verstand einsetzen - und umgekehrt, wobei der schnelle Wechsel von einem zum anderen Pol möglich ist (z.B. zur gegenseitigen Kontrolle). Die Funktionen der Wahrnehmung und Beurteilung bilden die Grundlage der Persönlichkeitsstruktur.

▲ Die Perfektionisten

Überlegtes Leseinteresse
Dieser Typus bevorzugt gerne analytische, gegenwartsorientierte Texte, beachtet Zahlen, Daten, Fakten und Rechenbeispiele und möchte etwas über logische Lösungswege erfahren. Rationelle Lesehilfen, wie z.B. Vergleichstabellen, liebt er. Ihn interessieren Unternehmen, die sich selbstbewußt geben und die hohe Managementfähigkeit verkörpern.

Leseentscheidung
Ausgedehnt, denn die Belange sind vielseitig. Die konkreten Absichten, warum er sich für ein Thema interessiert, werden erst während des Leseprozesses präzisiert. Ihm fehlen "Erfahrungs-Anker", deshalb geht dieser Typus von den ersten Vorstellungen seiner Informationsabsichten aus und lernt im Laufe des Lesens, was er konkret will und wie er sein Ziel erreichen kann. Dabei wird er den situativen Reizen (z.B. emotionalen Fotos in einem Prospekt) nicht erliegen, jedoch an der Entscheidung Für/Gegen stark involviert sein.

Inhalte:	Text-gestaltung:	Ziele herausstellen:	Bedürfnis nach:	Typisch:
Problem-lösungen, Statistiken, Zahlen	aktiv, lebhaft aber emotionslos, genau, spezifiziert, detailliert	erobern, Erfolg haben, etwas bewirken, Wirkung auf andere	Fakten, Grundlagen	kritische Auseinandersetzung

▲ Anzeigentexte, die bei Perfektionisten "ankommen"

Alle reden von Bargeld. Wir nicht.	American Express
Keep cool trotz 30%.	Bayerische Vereinsbank
Meine Entscheidung: Candy.	Candy
Der Fielmann in der Stadt erspart den Preisvergleich.	Fielmann
Zehntausend kleine Explosionen im Blut. Pro Sekunde.	Grundig
Können Sie es sich leisten, von Ihren Kosten erdrückt zu werden?	IBM
Unser meistgebrauchtes Ersatzteil.	Mercedes-Benz
Groß, schwer, kompliziert und teuer.	Nikon
Ein Elektrokettenzug von R. Stahl ist...	Stahl
Bestleistung mal zwei. Shell TMO -synthetic-.	Shell
Auch schnurlos schwer auf Draht.	Telekom
Strom weg, Daten weg.	Tim
Eine gute Nacht sollte Ihnen lieb und teuer sein.	Treca
Der schnelle Weg nach Schweden.	TS-Line

Die Konservativen

Empfundenes Leseinteresse
Dieser Typus ähnelt dem Perfektionisten, denn bei beiden steht Eingebung und Gefühl hintenan und beide bevorzugen Informationen über Bewährtes. Den Konservativen interessieren routinierte Unternehmen, die Veränderungen offen ablehnen und bewußt an Traditionen anknüpfen.

Leseentscheidung
Gewohnheitsmäßiges steht im Vordergrund. Der Entscheidungsprozeß läuft von außen weitgehend ungestört und »automatisch« ab, und auch einmalige Interessen können gewohnheitsmäßige Züge (z.B. wiederholtes Interesse einer Marke gegenüber) aufweisen.

Inhalte:	Textgestaltung:	Ziele herausstellen:	Bedürfnis nach:	Typisch:
Planung, Organisation, Tradition	beharrlich, ernst, ergebnisorientiert	Sicherheit, Behauptungen, Geltung als Persönlichkeit	Sicherheit, Erprobtem, Garantie, Tradition	setzt auf Gewohnheit

■ Anzeigentexte, die bei Konservativen "ankommen"

Feinstgewirkte edle Stoffe.	BMW
Ich hab' Dir nie einen Schrebergarten versprochen.	Clubmaster
Von der Wiege bis zur Bahre: Formulare, Formulare!	Drescher
Bei Limonaden achtet man wieder auf Etikette!	Rivella
Lindberghs Idee: Alleine über den Atlantik. Seine Uhr: Longines.	Longines
Wer sich einen Fensterplatz sichert, hat bei allen Anwendungen die schönsten Aussichten.	Lotus
Viel getrunken hat er nie. Wir haben ihm auch das Rauchen abgewöhnt.	Mercedes-Benz
Die Entscheidung fürs Leben.	Miele
Lilian Harvey und die Erde bebten.	Opel
Beruhigend zu wissen, daß Briefträger Hansen zu Hause gerade die aktuellen Sondermarken bringt.	Postdienst

Spontanes Leseinteresse

Dieser Typus lechzt nach neuen Ideen, will immer wieder überrascht und begeistert werden, liest gerne Texte über Neuheiten und Visionen und denkt bevorzugt in Bildern. Ihn interessieren offensive Unternehmen, die Lust auf Veränderung und Expansion signalisieren.

Leseentscheidung

Impulsiv, das heißt, ein rasches Handeln ist erkennbar. Seine Entscheidungen sind ungeplant, werden gedanklich kaum kontrolliert, unterliegen einer starken Reizsituation und zeichnen sich meist durch emotionale Aufladungen aus. Man kann annehmen, daß besonders häufig Impulskäufe dann auftreten, wenn der Leser durch Reize stark stimuliert wird und keine situativen Hemmnisse die spontane Kaufentscheidung beeinträchtigen.

Inhalte:	Textgestaltung:	Ziele herausstellen:	Bedürfnis nach:	Typisch:
Kreativität, Spontaneität, Unbekümmertheit	aufgeschlossen, heiter, visuell, lebhaft, anregend	Neues mit besseren Möglichkeiten, sorglose Freiheit, Befreiung der Sorgen, Abenteuer, Freizeit, Begeisterung	neuen Ideen, neuem Aufbruch	läßt sich gerne vom Text beeinflussen

★ Anzeigentexte, die bei Impulsiven "ankommen"

Feel Free!	Benger Sportswear
Dieses Make-up schützt vor blöden Blicken. Dieses Make-up schützt vor blöden Pickeln.	Clerasil
Beine machen Leute.	Ergee
Gutes Design steht auf Kork.	Kork
"Art Frankfurt ist die Kunstmesse, die nicht das Alte bekannt, sondern das Riskante interessant macht."	Messe Frankfurt
Wer sich gefunden hat, kann überall zu Hause sein.	Ouzo
Echt gutes Zeug fürs Haus.	Stinnes
Wo ist der Frosch noch König?	Strässle
Wer die Welt kennt, kennt Tuborg.	Tuborg
In der Schule war er ein kleiner 1stein, später ein großer 2fler, doch heute bekennt er sich 3st zu den Trockenen. Der andere Rote.	Viala
Vorwerk verwandelt Granitböden in Graphikböden.	Vorwerk
Wir halten nicht die Klappe, auch wenn es um dicke Klöpse geht.	WAZ, Westd. Allg.
Aufregend anders.	Wienerwald

● *Die Emotionalen*

Gefühlsmäßiges Interesse
Dieser Typus setzt auf Gefühl und Harmonie. Er registriert jedes Wort über seine Umwelt und über andere Menschen. An Leseeindrücken nimmt er alles mit, was nur irgendwie ansprechend und beachtenswert ist. An sensiblen Texten orientiert er sich gerne.
Ihn interessieren umweltorientierte Unternehmen, bevorzugt wird der Mittelstand.

Leseentscheidung
Eingeschränkt, das heißt, dieser Typus verfügt bereits über Erfahrungen, ohne eine bestimmte Marke/Firma eindeutig bzw. ausschließlich zu bevorzugen. Die konkrete Wahl nach bestimmten Informationen erfolgt mit Hilfe bewährter Entscheidungskriterien. Sobald er eine Alternative findet, die seinen Ansprüchen in etwa genügt, wird der Entscheidungsprozeß beendet.

Inhalte:	Textgestaltung:	Ziele herausstellen:	Bedürfnis nach:	Typisch:
Zwischenmenschlichkeit, Emotionen, Einfühlung	emotional, taktil, verständnisvoll	beruhigende Zufriedenheit, liebevolle Zusammengehörigkeit	harmonischer Verbundenheit	Familie, Team, Moral und Ethik, menschliche Werte

● Anzeigentexte, die bei Emotionalen "ankommen"

Geschmack von Natur aus. Urtaler.	Allgäuer Käsereien
Vom Gast, der eine Oase suchte.	Avance
Das Reinheitsgebot für sensible Haut. Auf dieses Natur-Ereignis wird Ihre Haut glatt reagieren.	Babor
Jetzt können Sie modisch und gesund zugleich auftreten.	Bi-beauty
Die Haut: Spiegel der Seele.	Cosewa Cosmetic
Wir wollen Ihnen gehörig den Kopf verdrehen.	Diedesheim
Für Unterhaltung sorgt PVS mit 6 Programmen. Fürs leibliche Wohl ein Menü mit 6 Gängen.	Emirates
Jeder hat so seine eigene Methode, Kinder vom Hustensaft zu überzeugen.	Engelhard
Für Haut, Haar und Sinne: Lancaster Bath Cosmetics.	Lancaster
Bessere Autos für eine bessere Umwelt.	Opel
Danke! Mit dieser Marke helfen Sie, den tropischen Regenwald zu retten.	Postdienst
Warum die grünen Gummibärchen aussterben.	Rewe
Leben braucht Videokonferenz.	Telekom
Das Gefühl von Geborgenheit.	Volvo

Vergleicht man die Ergebnisse der Untersuchung zur Affinität zwischen Soziogrammfeldern und Werbestilen (Eigenprojekt der DemoSCOPE, Schweiz, 1992), so läßt sich folgendes auf die hier vorgestellten Lesertypen übertragen:

Wenn Ihr Unternehmen ein Mensch wäre, welche Beschreibung würde zutreffen?

Der Perfektionist ist deutlich werbeaffiner und deshalb auch eher bereit, Anzeigen gut zu bewerten. Der Emotionale braucht dagegen eine sehr gekonnte, überzeugende Ansprache, um die grundsätzliche Resistenz gegen die Werbung zu überwinden. Bewußt oder unbewußt werden deshalb viele Anzeigen für das wirtschafts- und konsumfreundlichere Lager konzipiert. Anzeigen mit großen, eindringlichen Fotos tendieren dazu, beim Impulsiven auf Interesse zu stoßen. Die visuelle Botschaft spielt eine führende Rolle. Im Gegenzug schrumpft der Anteil der Copy (Headline) auf einen Bruchteil der verfügbaren Anzeigenfläche. Originelle Anzeigen mit neuartigen Ideen sind häufiger beim Impulsiven und Emotionalen zu finden. Das gilt besonders auch für Inserate, die eine gewisse intellektuelle Herausforderung darstellen. Selbstironie macht die Werbung in diesem werbekritischen Feld akzeptabler. Texte und Erklärungen werden vor allem beim Perfektionisten und Konservativen geschätzt. Hier wünscht der Käufer offenbar genaue Angaben zum Angebot. Headlines mit emotionalem Gehalt, wie "Wahre Größe" oder "C'est chic", stehen neben solchen mit rein informativem Charakter, wie "Nachfüll-Konzentrat" oder "Stärkt die Widerstandskraft Ihrer Haut". Der Konservative kann sich nur mit wenigen Inseraten befreunden. Sachgerichtete Informationen und Landschaftsbilder ziehen ihn an.

Welchen Einfluß Texte nehmen können, hängt nicht allein davon ab, welche Einstellungen zum Unternehmen oder zum Produkt durch rationale Argumente oder emotionale Appelle verändert werden sollen, sondern erheblich mehr davon, welcher Typus für welche Form von Botschaft empfänglich ist. Auch wenn der Perfektionist einer schriftlichen Botschaft aus rein sachlichen Beweggründen Interesse schenkt, so darf nicht übersehen werden, daß auch bei ihm - mehr oder weniger ausgeprägt - emotionale Vorgänge in seinem Unterbewußtsein beteiligt sind. *Die* Umschreibung eines Lesertypen gibt es also nicht. Die beschriebenen Typologien sind als Modell zu verstehen, das in den folgenden Kapiteln verfeinert und erst dadurch praktikabel wird. An dieser und allen folgenden Stellen trifft folgendes Zitat zu:

> *»Ich hoffe, daß aus meiner Typenbeschreibung niemand den Schluß ziehen wird, daß ich der Meinung sei, mit den vier oder acht Typen seien alle erfaßt, die überhaupt vorkommen. Ich zweifle keineswegs an der Möglichkeit, die vorkommenden Einstellungen auch unter anderen Gesichtspunkten zu betrachten und zu klassifizieren."*

aus: C.G. Jung, Typologie, dtv

Das psychologische Alleinstellungsmerkmal (USP)

Identische, technische Produktaussagen sogenannter Mee-too Produkte gibt es nur dann, wenn die Ansprache über das Gefühl vernachlässigt wird. Einige Unternehmen sind bestrebt, bei der Schaffung von Produkt-Differenzierung und -Positionierung die Kenntnisse über Menschen, Bedarf und Bedürfnisse mit einzubeziehen. Denn das rein faktische Alleinstellungsmerkmal verliert schnell an Wert, wenn ein vergleichbares Produkt auf den Markt kommt. Austauschbare Produkte lassen sich bekanntlich dann nur noch über den Preis verkaufen. Ein psychologischer USP wird dagegen einen Vorsprung schaffen, den der Wettbewerb nur schwer einholen kann. Milka Schokolade ist ein gutes Beispiel dafür. Die Tiere von Steiff mit dem "Knopf im Ohr" sind schon Klassiker.

In einer Zeit, wo Jugendlichen die Orientierung fehlt, wo gestandene Menschen arbeitslos sind und die Verarmung zunimmt, wirkt Lifestyle-Kommunikation deplaziert. In Zeiten sozialer und wirtschaftlicher Schwierigkeiten hat das Bedürfnis nach menschlicher Wärme Vorrang. So wechselte der französische Elektrokonzern Thomson von einem distanziert-kühlen Auftritt zu einer Strategie der Verbrauchernähe mit einem »Human-Touch-Image«. Kindliche Kommentare in TV-Spots trugen dazu bei, das Image der Marke menschlicher zu gestalten. Um sich von den Mitbewerbern zu differenzieren, verzichtete die Baden-Württembergische Bank in einer Werbekampagne auf die visuelle Darstellung von Menschen und stellte sie dennoch in den Mittelpunkt: kurze Texte mit »persönlichem Touch«, die den emotionalen Typus ansprechen, waren die Lösung:

● *"Vertrauen Sie überall den Leuten,*

▲ die mit den Regeln vertraut sind."

Die Abkehr von Lifestyle-Attitüden signalisierte auch die Bayerische Vereinsbank, die als kundenfreundliches, dialogfähiges Geldinstitut auftreten möchte. Kundenbedürfnisse und die vermeintliche Dialogbereitschaft und -fähigkeit sollten unterstrichen werden. Dabei kam einem Wort eine Schlüsselfunktion zu: Mitdenken. Dieser Appell soll das Versprechen, eine Bank zu sein, die mitdenkt, zum Ausdruck bringen. Laien an Stelle von schönen Super-Models und coolen Typen sollen in den Anzeigen einen Querschnitt der Vereinsbank-Kunden darstellen. Geschickt die Ansprache von zwei Typologien:

★ *Zur Geldanlage gehört auch etwas*
Nervenkitzel, findet er.

■ Nur wenn am Ende das Ergebnis stimmt,
finden wir.

Die Macht der Gefühle spielt in der Kommunikation eine zunehmend wichtigere Rolle. Der Verkauf von über 10 Millionen Kuschelrock-CDs sei ein Signal für die Suche nach dem Glück, ein Argument aus der Agentur-Szene. So wird denn auch in TV-Spots der direkte Weg ins Herz beschritten: warme Farben, melancholische Stimmung, natürliche Frauen und familienverbundene Männer in kleinen, einfühlsamen Geschichten, die das Leben geschrieben hat. Der emotionale Typus steht im Mittelpunkt.

Ein neues Lebensgefühl und drei neue Männerwelten will die Hugo Boss AG an den Mann bringen. Hier hat der Mann der 90er Jahre Abschied von dem der 80er Jahre genommen, wollte der doch zeigen, was er ist, auch wenn er es gar nicht war. Jetzt hat er seinen eigenen Kopf und schätzt Werte wie Familie, Freundschaft und Gleichberechtigung. Diesem zunehmend "unterschiedlich denkenden und fühlenden" Kunden will Boss gerecht werden. Die Mono-Marke wurde über Bord geworfen. Drei Männerwelten werden mit drei Produktlinien bedient.

Die 3 Männerwelten

■ Den konventionellen Manager, dem traditionellen Typus, will man weiterhin mit der Marke Boss zufriedenstellen.

▲ Für einen Hauch von Luxus im Angebot sorgen edle Stoffe der nach dem Chef-Designer benannten Marke Baldessarini.
Für den Typus Perfektionist genau das Richtige.

★ *Die Marke Hugo mit gröberen Stoffen und legeren Schnitten soll diejenigen ansprechen, die zumindest im Kopf jung geblieben sind. Die Bügelfalte ist für Hugo, dem impulsiven Typus, kein Thema mehr.*

Drei Namen, drei Stile, drei Welten und drei Marktsegmente. Boss will damit keine Regeln oder Normen für Boss-Kunden oder auch keine Typenlehre vorschreiben, wem welche Marke zusteht und wer was tragen soll. Im Gegenteil:

> *"Das Terzett der Marken beschert mehr Möglichkeiten der modischen Entfaltung, neue Freiheiten des persönlichen Ausdrucks. Zugleich drei Einladungen zum Rollenspiel. Der Kunde, der eigentlich Boss trägt, doch auch mal am Abend Hugo und zu festlichen Anlässen Baldessarini, begeht keinen Stilbruch, sondern ist die Verkörperung eines neuen Individualismus, wie er typisch erscheint für die neunziger Jahre."*
>
> *Zitat weiter:*
> *"Die normativen Trends und Moden der achtziger Jahre sind Vergangenheit und mit ihnen die Yuppie-Kultur und ihre Uniformität. Der Wertewandel der neunziger Jahre idealisiert neue gesellschaftliche Tugenden: Understatement, Spontaneität, Sensibilität und Persönlichkeit."*

Mit dem Start einer neuen Kompaktklasse Mitte 1993 stellte Mercedes-Benz eine "kundenorientierte Modellreihe" vor.
Die C-Klasse wird in vier verschiedenen Design- bzw. Ausstattungslinien angeboten.

▲ Neben den "normalen" C-Modellen für den Perfektionisten kann der Kunde zwischen folgenden Modellen wählen:

● *Esprit soll vor allem die jüngere Käuferschicht, zum Beispiel über die Innenraum-Gestaltung den emotionalen Typus, ansprechen.*

■ Elegance soll die eher klassisch orientierte Kundschaft, den Konservativen, überzeugen.

★ *Sport ist das Modell, das den Kunden mit einem klaren Bekenntnis zur Sportlichkeit, den Impulsiven, begeistert.*

Auch als die Mercedes-Benz AG und die Schweizer SMH im Frühjahr '94 ihr gemeinsames Konzept für ein Stadtauto der internationalen Presse vorstellten, begründete der Vorstandsvorsitzende Helmut Werner die ungewöhnliche Zusammenarbeit mit dem Hersteller der Swatch-Uhren mit typologischen Argumenten:

▲ "Das stadtgerechte Auto bringt die Verbindung der automobilen Kompetenz von Mercedes-Benz

mit den

★ *Erlebniswelten der Marke Swatch."*

Dazu Swatch-Gründer Nicolas Hayek:

● *"Das Auto soll in der weltweiten Vermarktung die Botschaft von Swatch transportieren:*

▲ Höchste Qualität,
tiefste Preise,

★ *Provokation und*
● *Spaß am Leben."*

Nachfolgend eine gelungene Text-Aussage, die einen hohen Bekanntheitsgrad hat: Um ein klares Markenbild für Visa zu institutionalisieren, war die Differenzierung zum Wettbewerb oberstes Gebot. Während die Konkurrenten kommunikativ eher mit Sozial-Prestige operieren

▲ "Ich definiere mich über das,
was ich besitze",

besetzte Visa das Aktions-Prestige:

★ *"Ich definiere mich über das,*
was ich mache."

Wer so denkt, schätzt die Unabhängigkeit, womit der Schlüssel zur Umsetzung gefunden war. Die Visacard argumentiert mit Unabhängigkeit in mehrfacher Hinsicht:

★ *Persönlich, weil sie mehr spontane Freiheit gewährt.*

▲ Faktisch, nämlich die Unabhängigkeit von Bargeld.

● *Emotional, weil sie sich klar von elitärem Statusdenken abgrenzt.*

Diese Aspekte beinhaltet der Claim "Die Freiheit nehm' ich mir". Dazu kamen als Bausteine Logo und kleine Stories hinzu, die sich um Unabhängigkeit und bargeldlosen Einkauf drehten. Leicht, überraschend wie unkompliziert die Tonalität. Der Badeanzug wurde zum wohl bekanntesten Schlüsselbild in der Kreditkarten- und Bankenwerbung. Die Kampagne wurde 1993 mit dem Effi in Gold vom Gesamtverband Werbeagenturen (GWA) im Bereich Dienstleister ausgezeichnet.

Mit einem ganz anderen Ziel versuchte der Postdienst der Deutschen Bundespost in einer Wurfsendung möglichst viele psychologische Typen zu gewinnen, nämlich für das Briefmarkensammeln:

▲ Die Perfektionisten

"Hier sehen Sie Kurt W., soeben 40 Jahre alt geworden, verheiratet, zwei Kinder und Teilhaber einer Praxis..."

● *Die Emotionalen*

"Hier sehen Sie Herbert K., Mitte 50, verheiratet mit Paula K., die das Engagement ihres Mannes für den Natur- und Umweltschutz teilt..."

★ *Die Impulsiven*

"Hier sehen Sie Anne S., 36 Jahre alt, Mitbesitzerin einer Galerie für moderne Kunst in Düsseldorf..."

Mit einer "Kleinen Typologie der Dynax-Käufer" hatte Minolta sich das Wissen um die Typologien zu Nutze gemacht und klärte den Fachhändler mit einer Anzeigenserie auf:

▲ Die Perfektionisten

"Heute: Typisch Dynax 7xi: Hauptsache Technik mit Grips und Idee. Das Innovativste ist gerade gut genug."

★ *Die Impulsiven*

"Heute: Typisch Dynax 2xi. Keine Knipskiste - 'ne richtige Spiegelreflex mit allen Schikanen. Was will man mehr?"

In einem Prospekt über Videokameras (Camcorder) hat der Autor durch entsprechende Wortwahl alle vier psychologischen Typen für das Videofilmen angesprochen. Ein Auszug daraus:

> Für jeden Anspruch haben wir die richtige Lösung.
> Gleich, ob Sie sich ein kompaktes Zweitgerät wünschen oder von einem "Immer-dabei-Camcorder" träumen.
> Bei Blaupunkt spielt es keine Rolle,

ob Sie ihr Videohobby professionell ausbauen
oder sich einfach nur an der neuesten Technik
erfreuen wollen.

▲ für die Perfektionisten

Headline:
Jetzt erwarten Sie einige
technische Leckerbissen.

Bildunterschrift:
Jeder Camcorder ist ein
kleines Wunderwerk der Technik.

■ für die Konservativen

Headline:
Ordnung ist das halbe Leben.

Bildunterschrift:
Scheuen Sie viele Bedienungsknöpfe?
Einfach die Abdeckkappe darüberschieben
und weg ist der Ballast.

★ *für die Impulsiven*

Headline:
*Wer sagt denn, daß ein Camcorder wie der andere
aussehen muß?*

Bildunterschrift:
Reisen Sie gerne?

● *für die Emotionalen*

Headline:
*Unbemerkt Ihre spielenden Kinder beobachten,
aus sicherer Entfernung scheue Tiere filmen...*

Bildunterschrift:
Erfreuen Sie sich an den kleinen Dingen des Lebens?

Hier ein Beispiel für eine fiktive Unternehmensaussage, die auf dem Deckblatt eines Geschäftsberichtes stehen könnte:

Unsere Grundsätze:

Wir sind

★ *innovativ, einfallsreich und vorausschauend,*

● *teamorientiert, ökologisch und partnerschaftlich,*

■ effizient, zuverlässig und ordentlich,

▲ technisch präzise und kalkulieren gewinnorientiert.

Ein Paradebeispiel aus der Dokumentation "Auseinandersetzung mit dem Sitzen" von Martin Stoll, Waldshut-Tiengen, in dem Wörter für alle 4 Typen zusammengefaßt wurden:

● Der arbeitende Mensch hat einen *bequemen* Stuhl,
■ der Arbeitsmediziner hat einen gesunden Stuhl,
▲ der Unternehmer hat einen preisgerechten Stuhl,
★ der Architekt hat einen *schönen* Stuhl,

und der Hersteller hat einen unverwechselbaren Stuhl.

■

Der Arbeitsmediziener hat einen gesunden Stuhl.

das kann heißen:

- Gesund bleiben
- 10 Jahre Garantie
- überall in Deutschland
- Stiftung Warentest

u.a.

★

Der Architekt hat einen schönen Stuhl.

das kann heißen:

- *Raumgestaltung*
- *Bellini-Design*
- *limitiert und signiert*
- *weckt Kreativität*

u.a.

▲

Der Unternehmer hat einen preisgerechten Stuhl.

das kann heißen:

- Geld sparen
- Arbeit erleichtern
- 24h Lieferservice
- 3% Skonto

u.a.

●

Der arbeitende Mensch hat einen bequemen Stuhl.

das kann heißen:

- *Menschliches Büro*
- *Körper-Fürsorge*
- *lebendig sitzen*
- *anpassungsfähig*

u.a.

Dieser einmalige Fund hat den Autor dazu veranlaßt, unterschiedliche Aussagen verschiedener Hersteller zu ein und derselben Produktgruppe - Büromöbel - zu vergleichen und den Typologien zuzuordnen:

USM Haller:
▲ Das komplex integrierte Tisch-Organisations-System.

Fortschritt:
▲ Für die totale Elektrifizierung ausgelegt.

Martin Stoll:
▲ Zusätzlich wird die Gasfeder durch eine großdimensionierte Spiralfeder entlastet, die zugleich für eine Tiefenfederung in der untersten Sitzposition sorgt.

Fortschritt:
■ Nahezu alle Bundestagsabgeordneten und die Mitarbeiter der Bundestagsverwaltung sitzen an unseren Tischen.

USM Haller:
■ Langzeitsystem: Jede Anlage läßt sich jederzeit ergänzen, verketten, ausbauen,
★ *trennen und neu konfigurieren, wenn es die Zukunft erfordert.*

Victoria:
■ Möbel kauft man nicht alle Tage. Und man will ja auch nicht alle paar Jahre wieder neue kaufen müssen.

USM Haller:
▲ Kein Detail braucht sich zu verstecken:
★ *alles ist sichtbar, offen und ehrlich.*

Sedus:
● *Ein Konferenztisch wie kein anderer: Warum nicht einmal was anderes?*
★ *Lassen Sie Ihrer Phantasie freien Lauf. Sie und Ihre Mitarbeiter sitzen "alle in einem Boot". Ein großer Tisch in kommunikativer Bootsform...*

Pfalzmöbel:
★ *Mit Phantasie und Know-how werden kreative Produktideen realisiert,*
▲ die sich durch innovative Technik und ihr markantes Design auszeichnen.

Martin Stoll:
● *Die Bürowelt wird lebendiger, menschlicher, liebenswürdiger.*

Fortschritt:

■ Gründergeist

● *Aus Fürsorge für die Menschen im Büro.*

USM Haller:

● *Es sind die "inneren Werte", die das System so lebendig halten:*

★ *unendliche Variationsmöglichkeiten mit nahezu beliebiger Anpassungsfähigkeit.*

Aber auch Alltagsfloskeln, die in Kleinanzeigen, Postwurfsendungen und Mailings zu lesen sind, lassen sich den vier Typen zuordnen (zum Teil Doppelnennungen, da mehrere Typen angesprochen werden):

▲ Geld sparen
Zeit gewinnen
Parkplatz vor dem Haus
24h Lieferservice
3% Skonto
Wissensvorsprung
niedriger Verbrauch (berechnend)
Erfolg haben

■ Wertansprüche
Überall in Europa
Sicherheit
inkl. Frachtversicherung
Garantie
10 Jahre Jubiläum
gesund bleiben
Rücknahme der Verpackung

★ *Zukunft beeinflussen*
Verkaufsräume mit Ambiente
Geschenkpapier-Service
Erfolg haben
Freude erleben
Wissensvorsprung
Neu von der Messe

● *freundliches Personal*
Freundschaftswerbung
Besonderheit
gesund bleiben
Rücknahme der Verpackung
Geschenkpapier-Service
Freude erleben
niedriger Verbrauch (ökologisch)

In einer Außendienst-Tagung eines Rasenmäher-Herstellers wurden in einem Workshop nach dem Modell der vier psychologischen Typen Argumente für einen Folder erarbeitet:

Briefing:

Rasen anders buchstabieren.
Wir liefern für jede Kundengruppe überzeugende Hilfen.
Wir besetzen die Erlebniswelt Garten.

▲ für die Perfektionisten

Der Rasen-Techniker
Produkte mit leistungsstarker Technik und detaillierter Funktionsbeschreibung überzeugen ihn.

■ für die Konservativen

Der Rasen-Profi
Er erkennt sofort die zuverlässige Qualität, die im Produktdetail steckt.

★ *für die Impulsiven*

Der Rasen-Laie
Für ihn wird das Rasen-ABC neu buchstabiert:
Und zwar von A wie Abenteuer
bis Z wie Zeitvertreib.

● *für die Emotionalen*

Der Rasen-Erotiker
Seine Träume mit dem
Anspruchsniveau
für das Besondere
werden Wirklichkeit.

In Seminaren führt der Autor schon seit vielen Jahren das Spiel "Slogan & Company" mit den Teilnehmern durch. Auf dem Kommunigramm - der Auswertung des zu Beginn dieses Kapitels vorgestellten Typen-Tests - befinden sich zwei Felder. Das erste für die Idee zu einem Slogan, das zweite für die Skizze einer dazu entstehenden Bildidee. In den beiden folgenden Beispielen wurde das Thema »Rasenmäher« vorgegeben. Sowohl der hier vorgestellte konservative Typus als auch der impulsive Typus haben - ohne sich abzusprechen - das Wort »Zukunft« im Slogan verwendet. Die Bildumsetzung ist beim Konservativen eindeutig linksdominant, beim Impulsiven unverkennbar rechtsdominant.

Testergebnis:

Konservativ	**50%**
Impulsiv	38%
Perfektionist	6%
Emotional	6%

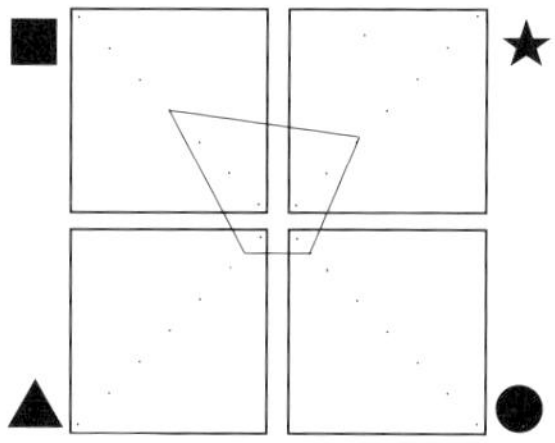

Workshop-Beitrag:

Headline: Der neue Weg in die Zukunft

Illustration:

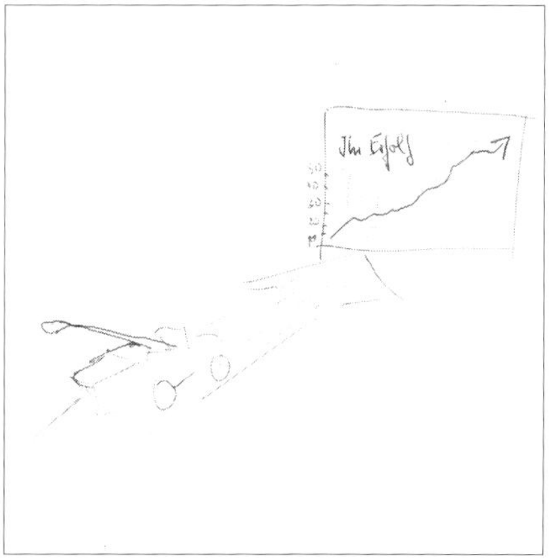

Testergebnis:

Impulsiv	**50%**
Konservativ	25%
Emotional	19%
Perfektionist	6%

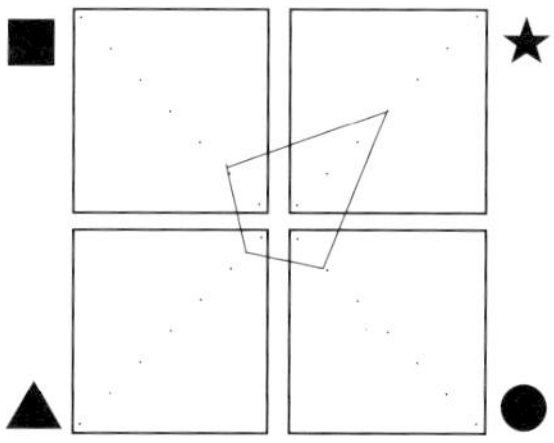

Workshop-Beitrag:

Headline: Die Zukunft der Gartenpflege

Illustration:

Farbe, die: **1. a)** *sichtbare Tönung eines Gegenstandes:* eine helle, lichte, dunkle, düstere, grelle, schreiende, knallige (ugs.), schillernde, giftige, frische, lebhafte, kräftige, harte, weiche, satte, stumpfe, matte, sanfte, kalte, warme F.; die Farben sind gut aufeinander abgestimmt, passen zusammen; diese Farben beißen sich (ugs.); die F. des Kleides ist rot, ist ein helles Rot; sie liebt, trägt, modische, bunte Farben; sein Gesicht hat eine gesunde, blasse, welke F.; der Kranke hat die F. verloren *(ist blaß geworden),* bekommt wieder F.; drei Hefte in den Farben Blau, Rot und Grün; der Stoff spielt, schillert in allen Farben; ein Hut von grüner, unbestimmter F.; übertr.: im 2. Akt bekam ihr Spiel mehr F. *(Ausdruckskraft);* Redensart: er redet davon wie der Blinde von der F. *(ohne Verständnis).* **b)** *Buntheit:* das Fernsehen sendet schwarzweiß und in F. **2.** *Färbemittel:* echte, dicke, flüssige, schnell trocknende, gut dekkende F.; diese F. ist giftig; die F. hält, blättert [von der Wand] ab, verblaßt, geht aus; die Farben laufen ineinander; Farben anreiben, mischen, [dick, dünn] auftragen, verdünnen; der Stoff nimmt keine F. an; es riecht nach [frischer] F.; er malt mit kräftigen, weichen, harten Farben; übertr.: etwas in den dunkelsten, schwärzesten, glänzendsten Farben schildern; etwas in leuchtenden, rosigen Farben ausmalen, darstellen. **3. a)** <meist Plural> *Symbol eines Landes, einer Vereinigung ö. ä.:* die deutschen Farben sind Schwarz, Rot und Gold. Schwarz-Rot-Gold: er vertritt die Farben seines Landes, seines Vereins bei den Wettkämpfen; Fähnchen in den bayerischen Farben. **b)** *Symbol eines Begriffes:* Rot ist die F. der Liebe. **4.** *Spielkartenklasse:* eine F. aus-, anspielen; F. bedienen, bekennen.* (ugs.:) **Farbe bekennen** *(seine wahre Ansicht offenbaren)* **die Farbe wechseln: a)** *(erbleichen).* **b)** *(seine Überzeugung ändern, zu einer anderen Partei übergehen).*

Quelle: Duden Band 2, "Das Stilwörterbuch"

FARBEN

Farbstifte zur Text-Analyse

Während der Entwicklung von Corporate Wording wurde ein praktikables und wirkungsvolles Instrument zur Text-Analyse gesucht. Mit ihm sollten sich Texte so markieren lassen, daß auf einen Blick sichtbar wird, welche Lesertypen mehrheitlich angesprochen werden. Die Lösung: ein blauer, grüner, roter und gelber Farbstift. Diese Farben wurden nicht etwa willkürlich gewählt. Die Forschung über Farbassoziationen und die Farbenlehre haben dazu den Hintergrund gebildet. Menschen verfügen bekanntlich über eine große Palette symbolischer Farbassoziationen. So steht Blau zum Beispiel für *Kälte* oder Rot für *Wärme*. Solche Farbzuordnungen basieren auf Erfahrungen und Überlieferungen seit Generationen und sind Ergebnis einer Verallgemeinerung. *Eva Heller* hat Farbassoziationen der deutschen Bevölkerung zu mehr oder weniger emotionalen Adjektiven in ihrem Buch *Wie Farben wirken* untersucht. So wird zum Beispiel die Eigenschaft *zuverlässig* mehrheitlich mit blau (45%), weiß (28%) und grün (22%) assoziiert. Das Wort *sicher* zeigt ähnliche Farbassoziationen, nämlich mit grün (23%), blau (21%) und weiß (20%). Daraus läßt sich schließen, daß zwischen »zuverlässig« und »sicher« eine begriffliche Ähnlichkeit besteht.

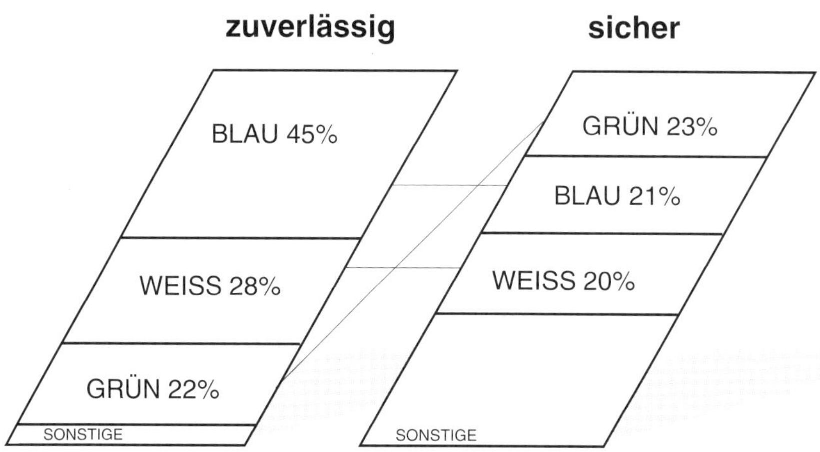

Die Farbenlehre reicht bis in die Antike zurück. Newton war es, der mit einem Prisma bewies, daß weißes Licht durch Überlagerung von Spektralfarben zustande kommt, und stellte die Lehre von den sieben Grundfarben auf. Das rief die Opposition von Goethe hervor, der in seiner Farbenlehre die Physiologie betonte - eine Morphologie, beziehungsweise eine phänomenologische Betrachtung über die Farben als lebendiges Gestalten des Lichtes. Er erkannte und beschrieb in seiner Farbenlehre nicht nur die spezifischen Buntheitseigenschaften der Farben und ihre Wirkungen auf Auge und *Gemüt* des Menschen, sondern auch ein nachbarliches Verhältnis zur *Sprache*. Seine Elementarfarben sind zwei mal drei Kreisfarben. Gelb sah er als Farbe am Licht, Blau als die Farbe am Rand des Dunkeln. Vermischt ergeben sie Grün. Gelb und Blau steigern sich in seinem Farbkreis zum "höchsten Rot", der Farbe Purpur.

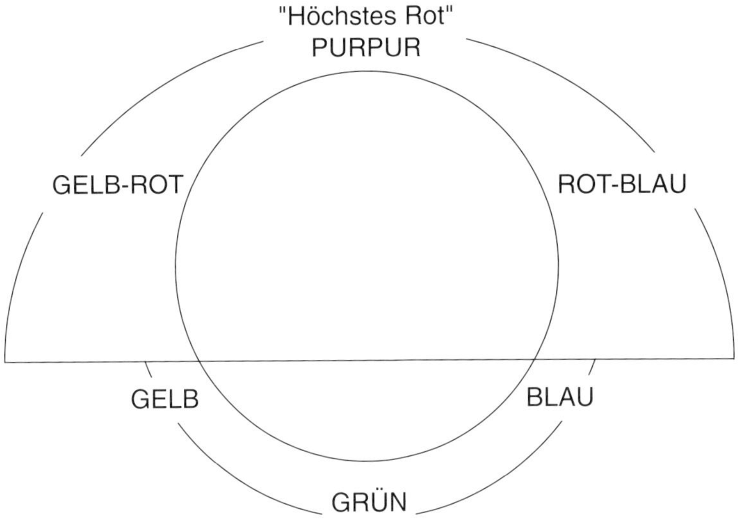

Jede Farbe ist charakteristisch und stellt Gegensätze her. So setzte Goethe zum Beispiel zu Gelb das Licht und die Wärme und zu Blau den Schatten und die Kälte. Solche parallelen Gegensätze findet man wiederum in den psychologischen Funktionen des menschlichen Verhaltens: aktiv zu passiv, liebenswürdig zu kalt, offen zu verschlossen oder intuitiv zu planerisch. Goethe empfand zwischen *Gelb* und *Blau* in der Natur eine gewisse Kluft, die er durch Vermischung zum *Grün* verknüpfte. Aber - so seine Lehre - die wahre Vermittlung von Gelb zu Blau geschieht nur durch das Rot. Diesen Farben ordnete er Eigenschaften zu. Zum Beispiel stand heiter und erfreulich für Gelb, Blau empfand er als energiegeladen und kalt, Rot war für ihn liebenswürdig und anmutend und Grün befriedigend und beständig. Der Psychologe *Heinrich Frieling* hat später die Ausdruckswerte von Farben in psychologischer Betrachtungsweise ermittelt. Er nahm Goethes Farbenlehre und die Überzeugung vom Symbol-Charakter der Farben ernst. Nach Vorversuchen mit Farbfigur-Anordnungen im viergeteilten Raumfeld wurde das Verfahren 1949 in seine jetzige Form, den *Frieling Test*, gebracht. Jeder der vier Funktionen der Jung-Typologien hatte er Farben zugeordnet, die jetzt auch bei Corporate Wording Anwendung finden: Blau für technische Wörter, für die sich der Perfektionist interessiert. Grün für Wörter, die Beständigkeit ausdrücken, die der Konservative bevorzugt. Gelb für reizvolle Wörter, für die der Impulsive offene Ohren hat. Rot für gefühlvolle Wörter, die der Emotionale gerne liest. Um die Farben genauer bestimmen zu können, hier ein Vergleich mit den Farb-Bezeichnungen aus der Drucktechnik, nach Küppers/Schauer, und der Farbherstellung, nach Schmincke:

Goethe	Druck-technik	HKS-Farbe	Corporate Wording nach Euro-Farbskala M-Y-C	Corporate Wording "Übersetzung in schwarz-weiß	Corporate Wording Worttypus
Blau	Cyanblau	Blau 448 DIN Blau 447 EURO	10% - 0% - 80%	▲ Perfektionisten	technische Wörter für Perfektionisten
Grün	Grün	Laubgrün 557 DIN	10% - 100% - 40%	■ Konservative	beständige Wörter für Konservative
Gelb	Gelb	Gelb 203 DIN/ EURO	30% - 100% - 0%	★ *Impulsive*	*reizvolle Wörter für Impulsive*
Purpur Karmin	Magenta	Rot 327 DIN Rot 325 EURO	70% - 50% - 0%	● *Emotionale*	*gefühlvolle Wörter für Emotionale*

Corporate Wording nutzt genau diese vier Farben (die übrigens auch in einer Wortnormierungsstudie am häufigsten genannt wurden) zur Kennzeichnung von Wörtern in Schriftstücken und auch in Workshops zur direkten Umsetzung einer Konzeption.

Text-Analyse in einem Prospekt von Reebok:

Das *schönste* am Tennis ist der Sieg.
Der *ehrlich* erkämpfte, verschwitzt
erreichte, *seelisch beflügelnde* Sieg.
Wenn jeder Ball gelingt.
Immer und auf jedem Belag.

In Reebok Tennis-Schuhen steckt die
Erfahrung hunderter Weltelite-Turniere.
Die Anforderungen der Profis sind der
Maßstab für jeden einzelnen Schuh.

High-Tech-Pump-Schuh für Spieler,
die vor allem auf den sicheren Sitz Wert legen,
den das Schaftabschluß-Pump-System gewährleistet.
Für alle Böden geeignet... hochabriebfest...
Klimakomfort.

Text-Analyse zu einem Prospekt von Renault:

Power für den Prima: Unter dem *attraktiven* Blechkleid schlägt ein robustes Herz. Das 40 kW (55 PS)-Triebwerk mit geregeltem 3-Wege-Kat und Fünf-Gang-Schaltgetriebe sorgt für erstklassige Fahrleistungen. Die von innen verstellbaren Außenspiegel machen den Clio Prima auch *rückblickend zu*

einem wirklich sehenswerten Auto. Die bildschönen Stahlfelgen runden den prima Eindruck ab, den dieser kleine Verführer gerade bei Clio-Einsteigern hinterläßt. Ganz bestimmt wird dieser freche Franzose viele Herzen im Sturm erobern. Erstaunlich, daß so viel Autospaß nicht so kostspielig ist, wie Sie vielleicht glauben. Der Einstieg ins Clio-Vergnügen
hat einen erfreulich günstigen Preis.

Komfort, Sicherheit und Ästhetik bringt der neue Prima prima unter einen Hut. Junge, flotte Sitzbezüge erfreuen das Auge. Die attraktive Mittelkonsole macht Ordnung halten leicht. Analoguhr und Tageskilometerzähler zeigen klar, was Sache ist.
Daß alles außerdem prima aussieht, versteht sich von selbst.

Text-Analyse in einem Mailing von Renault:

Ihr Renault hat es sich verdient...

Sehr geehrter Herr...,
ohne Urlaub zwischendurch schmeckt die schönste Arbeit nicht! Stimmt's? Einfach mal Abschalten und neu Auftanken - und schon geht es wieder besser. Und das benötigt auch
Ihr Renault ....
Gönnen Sie ihm eine Wartungsdiagnose zur Erholung,
es lohnt sich!
Wir sehen Ihr Fahrzeug gründlich durch, und Sie haben das gute Gefühl in einem sicheren und voll funktionsfähigen Auto zu sitzen. Dafür benötigen wir nur einen Termin, und Ihr Renault bleibt wieder ein ganzes Jahr fit.

Wir freuen uns auf Ihren Besuch und wünschen Ihrem Renault einen schönen "Urlaubstag".

Übrigens:
Die Neuen von Renault sind da. Steigen Sie ein und testen Sie - kostet ja nichts. Und falls Sie Interesse haben, dann machen wir Ihnen als Stammkunden ein maßgeschneidertes, attraktives Angebot.

Was Worte alles können

erklären
verraten
verschweigen
Mißverständnis ausräumen
täuschen
preisgeben
Mißtrauen schaffen
Herzen öffnen
verletzen
trösten
verführen
verwirren
Zugang finden
auf taube Ohren stoßen
Barrieren überwinden
aufmuntern
vernichten
ablenken
ermüden
Zwietracht säen
Frieden stiften
nörgeln
angreifen
erheitern
traurig machen
enttäuschen
Erwartungen wecken
wärmen u.s.w.

Quelle: Hans Manz, in: "Die Welt der Wörter", Beltz & Gelberg

WÖRTER

Typologisches Wörterbuch

Erfolg oder Mißerfolg von geschriebenen Botschaften werden in erheblichem Maße von der Wortwahl bestimmt. Worte erzeugen Wirkungen, können emotionale Impulse auslösen. Inhalt und Klangfärbung lösen positive oder negative Assoziationen aus. So wirken Wörter mit den Vorsilben *sym-, syn-, gut-, ideal-* oder *wohl-* positiv. Wörter mit Silben wie *ab-, anti-, dis-, ex-, fehl-, irr-, miß-, un-, weg-* und *zer-* oder mit der Endung *-los* klingen negativ. Das "Typologische Wörterbuch" ist ein Hilfsmittel für Corporate Wording. Es soll die Fähigkeit entwickeln, in allen vier »Sprachen« zu texten und Unternehmensbotschaften multidominant zu übersetzen. Das heißt nicht, daß immer alle vier Wort-Typen gleichzeitig benutzt werden müssen. Es verlangt vielmehr danach, situationsbezogen zu allen vier typologischen Wörtern gleichen Zugang zu haben. Diese Form des Textens und Schreibens kann sich zum Wettbewerbsvorteil entwickeln.

Die Möglichkeiten der Verwendung von typologischen Wörtern:

▲ Blaues Wörterbuch

Techniken begreiflich machen und mit Fakten belegen.

- rational begründen
- faktisch argumentieren
- logisch erklären

■ Grünes Wörterbuch

Zuverlässigkeit und Qualität dokumentieren.

- empfehlend argumentieren
- historisch erläutern
- qualitativ überzeugen

★ *Gelbes Wörterbuch*

Vielseitigkeit, Innovation und Kreativität darstellen.

- *plausibel erklären*
- *besonderes herausstellen*
- *erlebnisreich umschreiben*

● *Rotes Wörterbuch*

Partnerschaft und Verantwortung erlebbar machen.

- *persönlich ansprechen*
- *gefühlsbetont argumentieren*
- *moralisch begründen*

Aufbau

Das typologische Wörterbuch ist in vier Farbgruppen entsprechend den Typologien gegliedert und dokumentiert das Ergebnis eines Pilotprojektes des Autors, das hier nur im Auszug dargestellt werden kann.

Beispiel:
Die Adjektive wild und zuverlässig wurden folgenden Funktionstypen zugeordnet:

Die Perfektionisten
= zuverlässig
Die Konservativen

Die Impulsiven
= wild
Die Emotionalen

Um die Übereinstimmung dieser typologischen Einteilung zu prüfen, wurden diese Adjektive mit den Ergebnissen der Assoziationsstudie von *Carlo Petri* gegenübergestellt (2.077 Versuchspersonen, davon 51,1 Prozent weiblich und 48,9 Prozent männlich). Die jeweils 3 meistgenannten bildlichen Assoziationen sind in der folgenden Grafik enthalten und zeigen, daß auch die inneren Bilder zu den Adjektiven "typisch" sind:

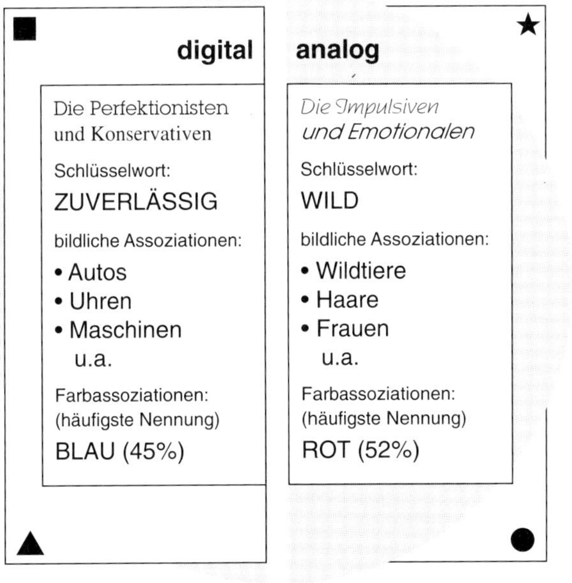

In einer Datenbank hat der Autor emotionale (z.B. heiter, gemütlich) und sensorische (z.B. kalt, zart) Adjektive erfaßt und in vier typologische »Wörterbücher« unterteilt. Die Adjektive auf den folgenden Seiten sind nicht alphabetisch, sondern in der jeweiligen Gruppe nach ihrem Bildgehalt sortiert. Das Wörterbuch beginnt in jeder Gruppe jeweils mit den Adjektiven, die einen hohen Bildgehalt haben. Aus den meisten Wörtern lassen sich auch Verben und Substantive bilden. Pro Gruppe wurden jeweils 80 Adjektive aus der Datenbank entnommen.

Quelle zum Bildgehalt: Diskette zum Handbuch deutschsprachiger Wortnormen, Hogrefe.
Die Tabellen wurden numerisch fallend und nach ihren typologischen Inhalten neu sortiert.
Die individuellen Einschätzungen liegen auf einer Skala mit den Endpunkten »-20« und »+20«. Je höher der Wert, desto höher die Bildhaftigkeit.

▲ BLAUES WÖRTERBUCH

hoch	14.33
groß	13.44
quadratisch	13.33
spitz	13.07
lang	12.80
steil	12.80
kalt	12.53
stark	12.53
parallel	12.33
breit	12.17
eisig	12.12
hart	12.11
eckig	11.07
kahl	10.80
kurz	10.80
männlich	10.80
kantig	10.53
kühl	10.35
leer	10.27
reich	9.77
schnell	9.50
glatt	8.56
mächtig	8.47
mutig	7.46
wach	7.38
robust	7.18
fleißig	6.67
zentral	6.40
roh	6.34
sauber	6.32
klar	6.30
emsig	5.96
selbstsicher	5.91
schlagfertig	5.51
konzentriert	5.35
fest	5.13
majestätisch	4.87
heftig	4.84
kraftvoll	4.63
waghalsig	4.50
stolz	4.34
eitel	4.07
zäh	3.87
geschäftig	3.81
strebsam	3.75
listig	3.72
rein	3.60

technisch	3.60
raffiniert	3.38
entschlossen	3.34
eitel	3.33
nachdenklich	3.33
selbstbewußt	3.15
teuer	3.07
herausfordernd	2.94
wachsam	2.80
hartnäckig	2.39
streng	2.18
bestimmend	2.16
selbständig	2.15
durchsetzungsfähig	2.04
energisch	1.90
smart	1.84
brillant	1.54
intelligent	1.53
ernst	1.46
triumphierend	1.38
willensstark	1.36
mechanisch	1.27
zielbewußt	0.82
rasch	0.80
eifrig	0.42
berechnend	0.15
aufmerksam	0.00
scharfsinnig	-0.12
produktiv	-0.29
erfolgreich	-0.54
nüchtern	-0.63
entschieden	-0.76
zielstrebig	-0.89

GRÜNES WÖRTERBUCH

alt	14.93
ruhig	9.23
schweigsam	8.30
still	8.20
einsam	7.43
leise	6.67
elegant	5.95
stolz	5.87
langsam	5.64
höflich	5.18
charmant	4.43
arbeitsam	3.98
ordentlich	3.87
diszipliniert	3.80
förmlich	3.56
ausdauernd	3.20
schriftlich	3.07
zäh	2.98
farblos	2.96
schlicht	2.81
eigenwillig	2.80
seriös	2.69
stabil	2.56
solide	1.69
tüchtig	1.60
sparsam	1.27
beharrlich	1.12
bieder	0.88
unentschlossen	0.79
vorsichtig	0.66
korrekt	0.63
unauffällig	-0.25
heimlich	-0.80
traditionell	-1.53
fremd	-1.61
vertraulich	-1.77
gewissenhaft	-2.40
ehrenhaft	-2.50
angepaßt	-2.52
kontinuierlich	-2.80
tugendhaft	-2.92
echt	-3.20
zuverlässig	-3.27
gründlich	-3.79
nobel	-3.87
klassisch	-4.26
zuvorkommend	-4.29
dauerhaft	-4.33
systematisch	-4.33
anonym	-4.60
historisch	-4.60
schematisch	-4.60
gut	-4.74
ehrlich	-4.83
sicher	-5.00
ewig	-5.13
regelmäßig	-5.40
dezent	-5.67
loyal	-5.87
erfahren	-6.10
bedenkenlos	-6.11
täglich	-6.40
verläßlich	-6.70
maßvoll	-7.09
strategisch	-7.20
gesetzlich	-7.47
monatlich	-7.67
ehrbar	-7.93
sachlich	-7.93
konventionell	-8.10
chronologisch	-8.20
verantwortungsbewußt	-8.45
offiziell	-8.73
schonend	-9.01
etabliert	-9.62
methodisch	-10.68
tauglich	-10.70
plausibel	-11.00
anekdotisch	-11.20
üblich	-11.27

★ GELBES WÖRTERBUCH

sonnig	15.13
nackt	15.03
bunt	14.60
farbig	14.02
blond	12.82
heiß	12.02
hell	11.96
jubelnd	11.80
heiter	11.55
sportlich	11.24
frech	10.80
fröhlich	10.57
lebenslustig	10.24
funkelnd	10.16
lebhaft	9.98
wild	9.75
quirlig	8.75
extravagant	8.55
glänzend	8.47
lustig	7.93
ruhelos	7.77
berauscht	7.67
verschwenderisch	7.58
neu	7.47
transparent	7.47
vital	7.36
locker	7.26
witzig	6.93
atemlos	6.90
hemmungslos	6.89
aufgeregt	6.86
aufreizend	6.70
vergnügt	6.63
ausgelassen	6.44
lässig	6.40
freudig	6.13
modern	5.87
temperamentvoll	5.87
flink	5.80
enthusiastisch	5.71
frisch	5.68
schwungvoll	5.53
frei	5.41
unbekümmert	5.29
aktiv	4.95
schillernd	4.93
verrückt	4.88
rastlos	4.81
dynamisch	4.79
jugendlich	4.76
feurig	4.60
wach	4.60
beweglich	4.46
verschmitzt	4.35
endlos	4.27
snobistisch	4.14
revolutionär	4.13
attraktiv	3.96
übermütig	3.90
offen	3.73
ungestüm	3.71
pfiffig	3.60
leicht	3.33
prominent	3.07
spaßig	2.94
aufregend	2.64
beeindruckend	2.55
mobil	2.53
freigiebig	2.48
frivol	2.36
neugierig	2.21
clever	2.07
unermüdlich	1.96
gelassen	1.88
kreativ	1.86
großzügig	1.80
wißbegierig	1.76
ungezwungen	1.71
spontan	1.51
närrisch	1.28

ROTES WÖRTERBUCH

rund	15.67
bergig	13.78
warm	13.01
oval	12.33
weich	12.33
winterlich	12.07
sinnlich	11.19
schön	10.93
zärtlich	10.83
schwer	10.80
genießerisch	10.75
kuschelig	10.50
verliebt	10.42
appetitlich	10.27
liebevoll	9.61
einsam	9.47
süß	9.45
fürsorglich	9.35
intim	9.00
malerisch	9.00
zart	9.00
lecker	8.64
gemütlich	8.60
schwärmerisch	8.51
verträumt	8.48
hübsch	8.42
warmherzig	7.81
anhänglich	7.74
duftig	7.47
sanft	7.47
träumerisch	7.38
glücklich	7.26
gefühlvoll	6.58
freundlich	6.46
feinfühlig	6.25
festlich	6.18
leidenschaftlich	6.14
lieb	6.13
romantisch	5.74
abendlich	5.67
entspannt	5.64
gütig	5.48
nah	5.40
verwöhnt	5.30
häuslich	5.02
entgegenkommend	5.01
anmutig	4.92
friedlich	4.92
anlehnungsbedürftig	4.91
naturverbunden	4.76
gastfreundlich	4.70
zufrieden	4.28
offenherzig	3.81
harmonisch	3.71
herzlich	3.62
ausgedehnt	3.60
melancholisch	3.60
poetisch	3.59
geduldig	3.56
hilfsbereit	3.47
gesellig	3.33
verführerisch	3.24
wertvoll	3.04
künstlerisch	3.03
köstlich	2.99
anziehend	2.80
empfindlich	2.80
weichherzig	2.75
einfühlsam	2.45
zurückhaltend	2.40
behutsam	2.39
sympathisch	2.34
bequem	2.21
beherzt	1.96
mild	1.53
sanftmütig	1.50
geschmackvoll	1.48
nett	1.08
menschlich	1.07
natürlich	1.05

Nicht die Strategie,

sondern deren tägliche Verwirklichung

bringt eine neue Schreibkultur

TEAM

Teambildung

Das Leitbild von Corporate Wording sind die Unternehmensgrundsätze. Damit der Corporate Wording Prozeß zu einer neuen Rahmenorientierung der Unternehmenssprache führt, ist die Konzeption durchgängig im Unternehmen umzusetzen. Wurde die Grundsatzentscheidung zur Einführung von Corporate Wording getroffen, wird die Erarbeitung erst einmal zur Organisationssache. Unstrukturiertes und unorganisiertes Arbeiten ist in allen Fällen ziellos, also auch im Bereich Corporate Wording. Planung meint aber nicht den rigiden Einsatz moderner Netzplantechnik (tödlich für Kreativität und Innovation), sondern vielmehr einen konzeptionellen Fahrplan. Den erstellt ein kleines Team, bestehend aus dem Corporate Wording-Beauftragten von Vorstand oder Geschäftsführung und Mitarbeitern des mittleren Managements z.B. aus den Bereichen Personalentwicklung, Marketing, Vertrieb und Öffentlichkeitsarbeit. Dieses Team erstellt das Briefing, führt eine Bestandsaufnahme durch, strukturiert die Kommunikationsinhalte, plant den Prozeß, sorgt für die kontinuierliche Umsetzung und übernimmt die Budgetverwaltung. In der Konzeptionsplanung werden die einzelnen Meilensteine festgelegt, die das Projektteam in kleine Kurzstrecken auflöst. Nach jedem Schritt ist die Feinplanung neu anzupassen. Die Vorstellung und Diskussion erfolgt im breiten Forum, die Verabschiedung der Entwürfe ist stets Sache der Führung. Die Entwicklung der Unternehmenssprache geschieht mit einem *Wording-Index*, dessen Handhabung an anderer Stelle noch erläutert wird. Aus ihm heraus entsteht das *Corporate Wording Manual.*

Die Einführung und der Wille zur Veränderung der Schreibkultur beginnt mit *Kommunikation.* Vor dem Entwicklungskonzept steht die konkrete Zielsetzung. Zunächst geht es darum, diese übersichtlich in einem Briefing zusammenzustellen. Das ist die erste Team-Aufgabe. Es muß die Rahmenbedingungen abstecken. Erst dann können das Durchsetzungskonzept und die kommunikative Umsetzung folgen. Diese Fragen stehen dabei im Vordergrund:

Was soll Corporate Wording unternehmenspolitisch bewirken?

- Unternehmensgrundsätze umsetzen?
- CI/CD/CCult-Programm optimieren?
- Leistungen der einzelnen Geschäftsfelder präzise definieren?
- deutliche Positionierung im Markt?
- von Wettbewerbern abgrenzen?
- homogen im Marketing auftreten?
- neue Kundengruppen erschließen?
- Korrespondenz verbessern?
- Motivation und Eigenverantwortung der "Firmen-Autoren" erhöhen?

Eine wichtige »Multiplikationsschiene« zur Umsetzung ist die interne Kommunikation. Aber gerade an ihr scheiterte schon so manch innovative Einführung - mehr, als man gemeinhin annimmt. Produktion hat in vielen Unternehmen leider immer noch Vorrang vor Kommunikation! Mitarbeiterinnen und Mitarbeitern sowie Führungskräften muß gemeinsam ausreichend Zeit zur Verfügung gestellt werden, sich mit Corporate Wording gedanklich auseinanderzusetzen. Hausinterne Seminare, ergänzt durch Workshops, fördern die guten Vorsätze und helfen, Corporate Wording in Taten umzusetzen. Führungskräfte und Mitarbeiter sitzen dabei an einem Tisch. Das gesamte Management zählt zur ersten Gruppe, die vom Veränderungsprozeß der Schreibkultur zu informieren ist. Denn von ihm wird Vorreiter-Funktion erwartet. Die Führungskräfte sollen die Idee zu einer neuen Schreibkultur in alle Bereiche hineintragen. Ihr konstruktives Mitwirken besteht vor allem darin, die zu übermittelnde Botschaft den Mitarbeitern zu übersetzen. Sie müssen die Inhalte verstanden haben, sie müssen Corporate Wording akzeptieren, sich damit identifizieren und sich engagieren. Zwei Dinge und deren parallele Umsetzung sind wichtig: Erstens ist die Thematik so zu präsentieren, daß jeder versteht, um was es bei Corporate Wording geht (Instrumente: Präsentations- und Informationsunterlagen sowie Arbeitsmaterial, Besprechungen, Seminare, Workshops, Incentives, Vorschlagswesen, »Corporate Wording Club« etc.). Zweitens ist eine detaillierte Planung von Fakten und Terminen für die einzelnen Verantwortungsbereiche erforderlich. Sie enthält alle notwendigen Aufgaben in Zusammenarbeit mit Kolleginnen und Kollegen (Instrumente: Briefing, Zeitplanung, Wording-Index usw.).

Nur wenn die Führungskräfte die Ziele von Corporate Wording überzeugend vertreten und vorleben, werden sie auch von den Mitarbeitern übernommen!

Wenn Corporate Wording als übergreifende Zentralstelle mit Servicefunktion arbeiten soll, empfiehlt sich ein Team, das mit den anderen strategischen Geschäftseinheiten, nach Produkten, Produktgruppen oder auch nach Sparten definiert, zusammenarbeitet. Eine Zentralstelle ist allerdings ein sehr anspruchsvolles Organisationssystem, das sich in einer Querschnittsfunktion allen Aufgaben rund um die Schreibkultur widmen kann. Doch muß man realistisch genug sein, daß in der Praxis die rationellen Gründe vor den ideellen Ziele überwiegen. Deshalb lautet die Alternative: Schwerpunkte setzen. Da für jedes Unternehmen die Hinwendung zum Absatzmarkt am wichtigsten ist, wird man sich zuerst auf ein nach außen gerichtetes Corporate Wording konzentrieren. Das umfaßt im wesentlichen Produktbeschreibungen, Pressetexte und den Schriftverkehr.
Vorteil dieser »kleinen« Lösung der Eingliederung ist, daß Produkt- und Kommunikationspolitik miteinander verflochten sind. Man wird allerdings mit Linienkämpfen zwischen Produktion, Marketing und Vertrieb rechnen müssen. Doch die sind ohnehin nicht selten an der Tagesordnung. Ganz falsch wäre die Schlußfolgerung, die »Problem-

funktion Corporate Wording« einfach dem Marketing zuzuordnen und der Verwaltung und Technik abzunehmen. Die heterogenen Kleinkulturen haben ihre Ursache: unterschiedlich ausgeprägte Motivation, verschiedene Führungsstile in den Unternehmensbereichen, historische Entwicklung oder auch die Kommunikation untereinander. Das Erkennen der gewachsenen Kommunikationskultur ist wichtig, um die Zielsetzungen definieren zu können. Denn Corporate Wording will keine künstliche Vereinheitlichung in einer edlen Hochglanzbroschüre abdrucken, sondern die besonderen, herausragenden Individualitäts-Merkmale der einzelnen Bereiche und die verbindenden Ausprägungen herausarbeiten. Dabei soll Traditionelles aufgetaut, Vertrauen geweckt, Motivation erzeugt und vor allem Ängste vor Neuem abgebaut werden.

Will man den Schwerpunkt noch weiter eingrenzen, bietet sich für beinahe alle Abteilungen ein Bereich besonders gut an:
Die Korrespondenz.

Am Beispiel der Unternehmensgruppe Ravensburger, nahezu überall bekannt durch das blaue Dreieck, das für höchste Qualität in Spielen und Büchern steht, wurde die Einführung von Corporate Wording mit folgender hausinterner Einladung gestartet:

> *Workshop "Corporate Wording" bei Ravensburger*
>
> *Auch Sprache, Text und Briefe sind Bausteine unserer Corporate Identity, neben Corporate Design, Vision, Grundsätze, Führungsspielregeln. Mit Veränderungen der Sprachgewohnheiten unserer Zielgruppen verändert sich auch unser Briefstil, unsere Texte, unsere mündliche Kommunikation.*
>
> *Wir möchten mit Ihnen eine Einführung in die Thematik veranstalten und bitten Sie um Teilnahme. Wir sehen einen solchen Tag als ersten Beitrag zur Erreichung einer homogenen Unternehmenssprache, dem schriftlichen und mündlichen Ausdruck nach innen und nach außen.*

Zentraler Bestandteil des ersten Workshops war es, das Bewußtsein zu einer unternehmerischen Schreibkultur zu sensibilisieren. Im Vorfeld wurden Briefe, Kurzmitteilungen, Stellungnahmen, Entscheidungen, Verständnisbitten, Presse- und Werbetexte, gerichtet an Autoren, Öffentlichkeit, Lieferanten, Geschäftspartner, Kunden, Privatpersonen und Mitarbeiter zusammengetragen. Die Auswahl der Teilnehmer wurde einerseits aus Mitarbeitern getroffen, die selbst schreiben und prägen, das heißt, Texte und Briefe formulieren, und anderseits aus Mitarbeitern, die an Durchführungen beteiligt sind, diese steuern und multiplizieren können. Paritätische oder hierarchische Gesichtspunkte wurden dabei nicht berücksichtigt.

Der theoretische Seminar-Inhalt entsprach in Auszügen dem ersten Teil des Buches, dem Fundament. Der Workshop startete mit dem Märchen, beinhaltete die persönliche Eigenanalyse und hatte den Umgang mit dem Farbenwörterbuch zum Schwerpunkt. Mit Unterstützung der Corporate Wording Werkzeuge (Farbkarten und Farbstifte) wurden in Einzel- und Gruppenarbeiten Text-Beispiele analysiert, kritisiert und optimiert. Die Resonanz der Teilnehmer:

Personalleitung:
"Ein spannendes Thema, das im gesamten Unternehmen umgesetzt werden sollte."

Debitorenbuchhaltung:
"Eine lebendige, kurzweilige Vermittlung des Sachverhalts. Wir werden unsere Formbriefe auf Floskeln durchforsten."

Pädagogische Arbeitsstelle:
"Prima Ideengebung - weiter so!"

Redaktionsleitung Kindersachbuch:
"CW ist praktikabel und einsetzbar."

Zentraler Schreibdienst:
"Wir wünschen uns, daß wir CW in unserer Firma im Auge behalten."

Öffentlichkeitsarbeit:
"Die Kennzeichnung der verschiedenen Lesertypen und das typologische Wörterbuch haben uns am besten gefallen."

Redaktion Kinderspiele:
"Die Idee mit dem Farben-Wörterbuch ist gut. Es lebe der Regenbogen."

Verkaufsleiter Innendienst:
"Eine sehr frische Art, ein eher trockenes Thema aufzubereiten."

Produkt-PR Spiele:
"Wir werden beim Schreiben stärker an Typologie und Sinne des Empfängers denken."

Nach dieser positiven Resonanz wurde eine Corporate Wording Projektgruppe ins Leben gerufen, die sich mit der Erstellung von Formulierungshilfen und Mustertexten zur Verbesserung der Korrespondenz befaßt.

Werbung

»Nur unsere Hemden sind einmalig!«

»Na, dann kauf ich sie nicht«,
sprach Herr Paulke,
»ich trage sie mehrmals.«

Quelle: Hans Manz, in: "Die Welt der Wörter", Beltz & Gelberg

ANALYSE

Zusammentragen von Schriftstücken

Bei der Einführung von Corporate Wording geht es primär nicht darum, inhaltlich Neues zu schaffen, sondern die latent vorhandenen, zum Teil nur unbewußt formulierten Aussagen zu ermitteln, zusammenzufassen, mit der Konkurrenz zu vergleichen, mit den Unternehmensgrundsätzen abzustimmen, ein Briefing zu erstellen und als Mittel der Kontinuität der Selbstdarstellung schriftlich zu fixieren.

Diese schrittweise Umsetzung beginnt mit dem Zusammentragen interner und externer Schriftstücke und einer anschließenden Text-Analyse. Hierzu stehen folgende Hilfsmittel zur Verfügung:

1. Checkliste zum Schriftgut	Seite 139
2. Fragebogen zum Schriftgut	Seite 140
3. Fragebogen zur Text-Analyse	Seite 140
4. Fragebogen zur Analyse von Konkurrenz-Texten	Seite 143

Checkliste zum Schriftgut
Die Checkliste zum Schriftgut (Seite 139) hilft bei der Zusammenstellung der wichtigsten schriftlichen Informationen und deckt vielleicht schon erste Defizite auf, dann nämlich, wenn zu einem der folgenden Bereiche keine Unterlagen vorhanden sind. Dort, wo Unterlagen fehlen, ist festzuschreiben, ob diese Unterlagen bis zu einem fixierten Termin noch beschafft werden müssen oder neu anzufertigen sind.

Fragebogen zum Schriftgut
Die zusammengetragenen Unterlagen können dann mit Hilfe des Fragebogens (Seite 140) miteinander verglichen werden. Alle Fragen, die mit Nein beantwortet werden, sind in die Konzeptions-Anweisungen (ab Seite 146) mit einer Zielformulierung zu übernehmen.

Fragebogen zur Text-Analyse
Der Fragebogen ab Seite 140 ist zur Einzelanalyse von Prospekttexten, Briefen und allen anderen schriftlichen Unterlagen geeignet. Das heißt, zu jedem Schriftstück, das analysiert werden soll, ist ein Fragebogen auszufüllen. Die Reihenfolge der Fragen entspricht genau der Kapitelfolge des Buches. Die Seitenverweise geben Hinweise, an welchen Stellen im Buch das jeweilige Thema erläutert wird. Alle negativ beantworteten Fragen werden in die Konzeptions-Anweisung (ab Seite 146) mit genauer Zielsetzung übertragen.

Fragebogen zur Analyse von Konkurrenz-Texten
Für die Entwicklung von Corporate Wording ist das Wissen um die schriftlichen Inhalte der Konkurrenz ein wichtiges Element. Mit diesem Hintergrund kann ein unverwechselbarer Sprachstil für das eigene Unternehmen entwickelt werden. Im ersten Schritt ist der Fragebogen zur Analyse von Konkurrenz-Texten (Seite 143) zu beantworten. Fragen, die negativ beantwortet werden, sind mit einer entsprechenden Zielsetzung in die Konzeptions-Anweisungen (ab Seite 146) zu übernehmen.

Im zweiten Schritt kann mit Hilfe des Fragebogens zur Text-Analyse (Seite 140) jedes vorliegende Schriftstück der Konkurrenz untersucht und mit den eigenen Ergebnissen verglichen werden. Punkte, in denen die Konkurrenz dem eigenen Unternehmen überlegen ist, sollten mit entsprechender Zielsetzung in die Konzeptions-Anweisungen (ab Seite146) übernommen werden.

CHECKLISTE ZUM SCHRIFTGUT

Grundsätze/Vorgaben für	Wo und in welcher Form vorhanden?
Unternehmensgrundsätze	
Organigramm mit Firmen- und Bereichsbezeichnungen	
Bereichs- und Funktionsbezeichnungen	
Corporate Design Vorgaben	
Unternehmensbotschaften (Slogans)	
Markenzeichen, Handelsmarken	
Produktgruppen, Produktnamen	
Produktbotschaften (Slogans)	
Drucksachen, Broschüren, Kataloge	
Korrespondenz intern und extern	
Formulare, Rechnungen, Lieferscheine u.a.	
Gebrauchsanleitungen, Montageanweisungen	
Handelswerbung	
Verkaufsförderung	
Außenwerbung	
Konsumentenwerbung	
Personalanzeigen	
Pressearbeit	
Öffentlichkeitsarbeit/Sponsoring	
Geschäftsberichte	
Verpackungen, Briefumschläge, Adreßaufkleber	
Gebäude, Fuhrpark	

FRAGEBOGEN ZUM SCHRIFTGUT

1. Stimmen die Firmen- und Bereichsbezeichnungen auf Prospekten, Rechnungsformularen, Briefbögen, Adreßaufklebern etc. überein?

ja nein Notiz:

2. Sind die Unternehmensbotschaften (Slogans) durchgängig und einheitlich?

ja nein Notiz:

3. Wurden die Werbeaussagen auf den verschiedenen Werbeträgern aufeinander abgestimmt?

ja nein Notiz:

4. Läßt sich in den Texten von Verkaufsunterlagen und Anzeigen eine Verwandtschaft erkennen?

ja nein Notiz:

5. Sind die Briefe inhaltlich und von der Form her in allen Abteilungen gleich?

ja nein Notiz:

6. Sind die Produktnamen auf Verpackung, Anleitung, Rechnung und in Werbeunterlagen identisch?

ja nein Notiz:

7. Werden in Brieftexten die gleichen Typologien angesprochen wie in den Werbetexten?

ja nein Notiz:

8. Ist die Korrespondenz frei von Amtsfloskeln?

ja nein Notiz:

FRAGEBOGEN ZUR TEXT-ANALYSE

ZUM CORPORATE ANSPRUCH

ab Seite 18

Entspricht der Text den Unternehmensgrundsätzen?

ja nein Notiz:

Berücksichtigen Text, Bild, Grafik und Papier das Identity-Ziel?

ja nein Notiz:

ZUR SPRACHE

ab Seite 30

Sind die Sachinformationen, Beziehungsaspekte, Appelle und Selbstoffenbarungen im Text ausgewogen?

ja nein Notiz:

ZUR TYPOGRAFIE

ab Seite 34

Ist die Typografie lesefreundlich gestaltet?

ja nein Notiz:

Transportiert die Typografie den Image-Wert des Unternehmens?

ja nein Notiz:

Begleitet die Typografie die Inhalte?

ja nein Notiz:

Sind die einzelnen Textblöcke vom Umfang her lesefreundlich?

ja nein Notiz:

Lockern Zwischenüberschriften den Text auf?

ja nein Notiz:

ZUR BILDERSPRACHE

ab Seite 42

Sind die Texte für einen Außenstehenden, der nicht mit der Materie vertraut ist, verständlich?

ja nein Notiz:

Wurde die links- und rechtsdominante Informationsverarbeitung berücksichtigt?

ja nein Notiz:

Enthalten auch linksdominante technische und wissenschaftliche Texte zusätzliche Informationen für die rechte Hemisphäre?

ja nein Notiz:

Hinterlassen die Texte klare Gedächtnisbilder?

ja nein Notiz:

Lösen bildhafte, konkrete, bedeutungshaltige und angenehme Wörter innere Suchvorgänge nach Gedächtnisbildern aus?

ja nein Notiz:

Schaffen die Texte ein positives Wahrnehmungsklima?

ja nein Notiz:

ZU DEN SINNESREIZEN

ab Seite 70

Wurde mit wahrnehmungsnahen, multisensorischen Wörtern getextet?

ja nein Notiz:

ZU DEN EINSTELLUNGEN UND ERWARTUNGEN

ab Seite 78

Wurden die möglichen Einstellungen/Erwartungen des Lesers in allen Punkten einbezogen?

zum Gegenstand ja nein Notiz:

zur Sache ja nein Notiz:

zur Wahrnehmung ja nein Notiz:

zur Anmutung ja nein Notiz:

Wurden die möglichen Erwartungen besonders herausgestellt?

Objekt-Vorteile ja nein Notiz:

Sach-Vorteile ja nein Notiz:

Vertrags-Vorteile ja nein Notiz:

Reiz-Vorteile ja nein Notiz:

ZU DEN TYPOLOGIEN

ab Seite 88

Wurde das Leseinteresse durch spontane, kalkulierende, sensible und traditionelle Themeninhalte für jeden Typus aufgegriffen?

ja nein Notiz:

Wurden für jeden Typus die typologischen Alleinstellungsmerkmale in den Vordergrund gestellt?

für Perfektionisten ja nein Notiz:

für Konservative ja nein Notiz:

für Impulsive ja nein Notiz:

für Emotionale ja nein Notiz:

ZU DEN FARBEN

ab Seite 118

Zur Beantwortung der folgenden Frage mit vier Farbstiften die typologischen Wörter/Aussagen markieren.

Ist das Farbenverhältnis der markierten Wörter ausgeglichen?

ja nein Notiz:

Wenn eine Farbe dominiert: Ist das aufgrund der angepeilten Zielgruppe so gewollt?

ja nein Notiz:

ZUM TYPOLOGISCHEN WÖRTERBUCH

ab Seite 124

Enthält der Text Argumente und adjektivische Umschreibungen, die in einem vergleichbaren Text der Konkurrenz nicht enthalten sind?

ja nein Notiz:

Wurden aktive Verben, bildhafte Substantive und treffende Adjektive verwendet?

ja nein Notiz:

FRAGEBOGEN ZUR ANALYSE VON KONKURRENZ-TEXTEN

Enthalten Ihre Produktbeschreibungen vielfältigere Anwendungsbeschreibungen als die der Konkurrenz?

ja nein Notiz:

Wirken Ihre Texte attraktiver als die der Konkurrenz?

ja nein Notiz:

Haben Sie die Wortvielfalt Ihrer Texte mit den Konkurrenten verglichen? Heben sich Ihre Argumente positiv von den anderen ab?

ja nein Notiz:

Wurden in Ihren Texten die psychologischen Argumente besser berücksichtigt als bei Ihren Konkurrenten? ab Seite 92

Technik/Preis für die Perfektionisten ja nein Notiz:
Qualität/Tradition für die Konservativen ja nein Notiz:
Innovation/Kreativität für die Impulsiven ja nein Notiz:
Service/Umwelt für die Emotionalen ja nein Notiz:

Wurden die psychologischen Erwartungen der Kunden in Ihren Texten besser wiedergespiegelt als bei Ihren Konkurrenten? ab Seite 78

Objekt z.B. Material, Form, Farbe, Konstruktion, Funktion u.a.
ja nein Notiz:

Sache z.B. Wirkung von Technik, System, Anpassung, Organismus oder über Bedienung und Ökonomie u.a.
ja nein Notiz:

Vertrag z.B. Service, Präsenz, Entgelt, Kommunikation u.a.
ja nein Notiz:

Reiz z.B. über Empfindung wie Wert, Vertrauen, Ästhetik oder über Antrieb wie Besitz, Sicherheit, Sozialethik u.a.
ja nein Notiz:

Assoziiert man beim Lesen Ihrer Texte den Herstellernamen besser als bei der Konkurrenz?

ja nein Notiz:

SONSTIGES

Haben Sie untersucht, welche grundlegende Textstrategie Ihre Konkurrenten einsetzen?

ja nein Notiz:

Verfügen Sie über Informationen möglichst vieler Schriftstücke (also neben Prospekt- und Anzeigentexten auch Korrespondenz, Gebrauchsanweisungen, Verkaufsunterlagen, Mailingtexte u.a.)?

ja nein Notiz:

Verfügen Ihre Konkurrenten über Unternehmensgrundsätze, Corporate-Design-Manual, Corporate Wording Strategien u.a.?

ja nein Notiz:

Ergeben sich aus dieser Analyse irgendwelche Konsequenzen?

ja nein Notiz:

Eine gute, echte Sprache als Selbstzweck kommt nicht vor, sie ist gut und echt, wenn sie Ausdruck echten Erlebens ist.

Hermann Hesse

INSTRUKTION

Inhalte festlegen

Nach der vorangegangenen Analyse sind die inhaltlichen Vorgaben festzulegen. Die ausgefüllte Checkliste wird zur strukturierten Sammlung von Schlüsselfakten, strategischen Festlegungen, Anweisungen und einer Terminplanung. All diese Informationen sollten bei den konzeptionellen Arbeiten stets verfügbar sein. Es ist dabei spezifisch zu entscheiden, welche Details darin aufgenommen werden sollen. Nicht sämtliche Punkte müssen für alle Anwender gleich relevant sein.

CHECKLISTE: INSTRUKTION

Konzeptions-Anweisungen

ZUR ZIELSETZUNG:

Mit Corporate Wording soll folgendes erreicht werden:
(zutreffendes ankreuzen)

- ❑ Überarbeitung des vorhandenen Schriftgutes
- ❑ Bewußt neue Unternehmenssprache einführen, die extern deutlich als Wandlung erkannt wird
- ❑ Eine Unternehmenssprache für ein neues Unternehmen neu entwicklen

Anmerkungen:

ZU SCHRIFTSTÜCKEN:

Folgende Schriftstücke sollen in die Corporate Wording-Konzeption mit eingebunden werden (hier ankreuzen):

Unternehmen

- ❑ Bezeichnungen
- ❑ Firmenportrait
- ❑ Geschäftsbericht
- ❑ Gebäudebeschriftungen

Sonstiges:

Verwaltung
Personalabteilung

- ❑ Stellenbeschreibungen
- ❑ Stellenangebote
- ❑ Mitarbeiterkorrespondenz
- ❑ Zeugnisse
- Sonstiges:

Buchhaltung

- ❑ Rechnungen
- ❑ Erinnerungen
- Sonstiges:

Werbung
Anzeigen

- ❑ Produktanzeigen
- ❑ PR-Anzeigen
- Sonstiges:

Druckunterlagen

- ❑ Visitenkarten
- ❑ Briefbögen
- ❑ Kurzmitteilungen
- ❑ Handouts
- ❑ Faltblätter
- ❑ Prospekte
- ❑ Kataloge
- Sonstiges:

Mailings

- ❑ Werbende Briefe
- Sonstiges:

Einladungen

- ❑ Messen, Ausstellungen
- ❑ Händler-Tagungen
- Sonstiges:

Öffentlichkeitsarbeit

- ❑ Presseinformationen
- ❑ Pressekorrespondenz
- ❑ Rezensionen/Testmuster
- ❑ Messe-Pressearbeit
- ❑ Haus-/Kundenzeitung
- Sonstiges:

Marketing
Produkte

- ❑ Produktbezeichnungen
- ❑ Technische Daten
- ❑ Gebrauchsanweisungen
- ❑ Montageanleitungen
- ❑ Garantiekarten
- ❑ Verpackungen

Sonstiges:

Korrespondenz

- ❑ Angebote
- ❑ Informationen
- ❑ Rundbriefe
- ❑ Anweisungen

Sonstiges:

Vertrieb
Akquisitionsunterlagen

- ❑ Präsentationsmittel
- ❑ Argumentensammlung
- ❑ Schulungsunterlagen
- ❑ Zahlen und Fakten

Sonstiges:

Angebote

- ❑ Angebotsschreiben
- ❑ Auftragsbestätigungen
- ❑ Nachfaßbriefe

Sonstiges:

ZUM CORPORATE ANSPRUCH:

Beispiele:

- *Unsere Texte sollen den Unternehmensgrundsätzen entsprechen und sich an unseren Identity-Zielen orientieren.*
- *Unsere Firmen- und Bereichsbezeichnungen sollen auf allen Druckschriften (z.B. Prospekten, Anzeigen, Briefbögen, Adreßaufklebern etc.) übereinstimmen.*
- *Unsere Unternehmensbotschaften (Slogans) sollen durchgängig und einheitlich formuliert sein.*
- *Unsere Werbeaussagen auf verschiedenen Werbeträgern sollen aufeinander abgestimmt sein.*
- *Unsere Texte aus Verkaufsunterlagen und Anzeigen sollen eine Verwandtschaft erkennen lassen.*
- *Unsere Briefe aus allen Abteilungen sollen nicht nur formal, sondern auch inhaltlich übereinstimmen und frei von Amtsfloskeln sein.*

- *Unsere Produktnamen z.B. auf Verpackungen, Anleitungen, Lieferscheinen oder Werbeunterlagen sollen identisch sein.*

Vorgaben:

ZUR SPRACHE:

Beispiele:

- *Unsere Texte sollen Sachinformationen, Beziehungsaspekte, Appelle und Selbstoffenbarungen im ausgewogenen Verhältnis transportieren.*
- *Unsere Texte sollen kurzlebige Modewörter, Amerikanismen und Fremdwörter aus anderen Sprachkreisen nur sparsam enthalten.*

Vorgaben:

ZUR TYPOGRAFIE:

Beispiele:

- *Die Typografie soll lesefreundlich gestaltet werden.*
- *Die Typografie soll den Image-Wert unseres Unternehmens transportieren.*
- *Die Typografie soll Inhalte nur begleiten und nicht verdrängen.*

Vorgaben:

ZUR BILDERSPRACHE:

Beispiele:

- *Unsere Texte sollen auch für diejenigen, die nicht mit unserer Materie vertraut sind, verständlich sein.*
- *Unsere Texte sollen die links- und rechtsdominante Informationsverarbeitung berücksichtigen.*
- *Unsere Texte sollen - wenn immer möglich - klare Gedächtnisbilder erzeugen.*
- *Unsere Texte sollen immer (z.B. auch in "heiklen" Briefen) ein positives Wahrnehmungsklima vermitteln.*

Vorgaben:

ZU DEN SINNESREIZEN:

Beipiel:

Unsere Texte sollen wahrnehmungsnah und multisensorisch klingen, wann immer angebracht und möglich.

Vorgaben:

ZU DEN EINSTELLUNGEN UND ERWARTUNGEN:

Beispiele:

- *Unsere Texte sollen möglichst alle Erwartungen unserer Kunden (zum Gegenstand, zur Sache, zur Wahrnehmung und zur Anmutung) berücksichtigen.*
- *Unsere Texte sollen Objekt-, Sach-, Vertrags- und Reizvorteile vermitteln.*
- *Unsere Texte an die Absatzmittler sollen den Dialog fördern.*

Vorgaben:

ZU DEN TYPOLOGIEN:

Beispiele:

- *Wir forcieren die psychografische Zielgruppe auf den impulsiven und emotionalen Typus.*
- *Unsere Texte sollen durch spontane, kalkulierende, sensible und traditionelle Themeninhalte Leseinteresse bei jedem Typus wecken.*
- *Wir stellen für alle vier psychologischen Typen Alleinstellungsmerkmale in den Vordergrund.*

Vorgaben:

ZUM TYPOLOGISCHEN WÖRTERBUCH:

Beispiel:

Unsere Texte sollen Argumente und adjektivische Umschreibungen enthalten, die in einem vergleichbaren Text der Konkurrenz nicht enthalten sind.

Vorgaben:

ZU DEN MASSNAHMEN:

Maßnahmen in folgenden Bereichen:

Beispiele: Produkte, Vertrieb, Marketing, PR, Werbung, Service

Konsequenzen:

Budget:

ZUR DURCHFÜHRUNG:

Fallbeispiel für eine Projektplanung, die auf 12 Monate angelegt ist.

1. Schritt 1. Monat	Unternehmensleitung	Corporate Wording Grundsatzentscheidung treffen, ggf. externe Beratung hinzuziehen und Projekt starten
	Projektgruppe	• Ziele definieren • Organisation festlegen
2. Schritt 1.-5. Monat	Projektgruppe, Führungskräfte Mitarbeiter/-innen	Recherche und Analyse • Schlüsselpersonen einbeziehen • Ist-Situation analysieren • Vorschläge daraus erarbeiten • Arbeitskreise/Workshops durchführen
3. Schritt 5.-6. Monat	Projektgruppe	Kerninhalte erstellen und der Unternehmensleitung zur Prüfung/Abstimmung vorlegen.
4. Schritt 7.-8. Monat	Projektgruppe	Umsetzungsentwürfe bei Bedarf überarbeiten
5. Schritt 9.-11. Monat	Unternehmensleitung	Corporate Wording-Programm verabschieden und veröffentlichen
6. Schritt ab 12. Monat	Projektgruppe	Programm einführen und mit Corporate Wording beginnen und neue Akzente beobachten
	Alle Mitarbeiter/-innen	Programm umsetzen

Wenn Begriffe
sich
verwirren,
ist die Welt in
Unordnung.

Quelle: Konfuzius

INDEX

Schriftliche Vorgaben

Mit dem Index, bestehend aus zwei Inhaltsverzeichnissen (Menüs) und einem Karteikarten-System, werden methodisch Aussagen und Formulierungen für den Verbraucher bzw. Kunden und für den Händler bzw. Geschäftspartner erfaßt. Dabei spielt es keine Rolle, ob es um Botschaften über das Unternehmen, um Aussagen für ein einzelnes Produkt oder für ein ganzes Sortiment oder um die Beschreibungen einer Dienstleistung geht. Für jedes Objekt wird ein Wording-Index erstellt. Es beginnt bei den Unternehmensaussagen, die Leitbildfunktion bei den Formulierungen von Produkt- oder Dienstleistungen übernehmen.

Durch die schriftliche Vorgabe wird verhindert, daß abweichende Aussagen entstehen, die das Image schwächen. Lautet die Position einer Unternehmung beispielsweise »ökologisch« und »sozial«, so wird durch strategische Vorgaben ausgeschlossen, daß Texte mit »technischen« und »leistungsorientierten« Inhalten überwiegen.

Der Einsatz der Kartei kann darüber hinaus in Workshops zum Argumentationstraining für Mitarbeiter oder als Grundlage für ein Briefing zur Erstellung von Werbemitteln dienen. Je breiter der Einsatz von Index und Kartei ist und je zentraler die Gesamt-Inhalte erfaßt und multipliziert werden, desto prägnanter, homogener und unverwechselbarer wird sich die Unternehmenssprache gestalten. Index und Kartei können entweder in konventioneller Form in einer Sammelbox geführt (empfehlenswert für Brainstorming, Workshops, Schulungen) oder mit Hilfe einer Software (als Pilotprojekt beim Autor im Einsatz) erstellt werden.

Und so werden die Menüs benutzt

1. Schritt

Aus dem Menü 1 »Verbraucher-Erwartungen« die Erwartungen markieren, die der Verbraucher/Kunde an das Unternehmen, an das Produkt oder an die Dienstleistung stellen wird bzw. die das Unternehmen spiegeln will. Natürlich beinhaltet das Verzeichnis auch Erwartungshaltungen, die weniger oder in keiner Form zutreffen. Mit folgendem Bewertungsschlüssel werden die einzelnen Punkte gekennzeichnet:

1 = sehr wichtig	(z.B. Alleinstellungsmerkmale)
2 = wichtig	(aus der Sicht des Unternehmens)
3 = weniger wichtig	(da nicht angestrebt oder vom Wettbewerb besetzt)
4 = unwichtig	(aus der Sicht des Unternehmens)

MENÜ 1 - VERBRAUCHER-ERWARTUNGEN

1 Objekt-Texte Seite 80

1.1 Elementare Informationen

- ☐ 1.1.1 *Material*
  Art, Zusammensetzung, Aufbau, Oberfläche u.a.
- ☐ 1.1.2 *Form*
  Art, Variation u.a.
- ☐ 1.1.3 *Farbe*
  Art, Helligkeit, Kombination u.a.
- ☐ 1.1.4 *Zeichen*
  Art, Form, Layout

1.2 Komplexe Informationen

- ☐ 1.2.1 *Konstruktion*
  Anordung, Qualität u.a.
- ☐ 1.2.2 *Funktionsprinzip*
  Systemlösung, Umsetzung,
  Energieaufwand, Historik
- ☐ 1.2.3 *Details*
  Bestandteile, Ergänzungsteile u.a.

2 Sach-Texte Seite 81

2.1 Informationen über die Wirkung

- ☐ 2.1.1 *Technik*
  Mechanik, Elektrik, Optik, Akustik, Chemie u.a.
- ☐ 2.1.2 *System*
  Kombination, Applikation u.a.
- ☐ 2.1.3 *Anpassung*
  Raum, Klima, Boden, Licht, Luft, Umwelt
- ☐ 2.1.4 *Organismus*
  Ernährung, Bekleidung, Wohnung, Hygiene, Bewegung

2.2 Informationen über die Bedienung

- ☐ 2.2.1 *Vorbereitung*
  Transport, Lagerung, Installation, Montage, Anpassung
- ☐ 2.2.2 *Benutzung*
  Inbetriebnahme, Kontrolle, Außerbetriebnahme

- [ ] 2.2.3 *Erhaltung*
  Schutz, Pflege, Wartung, Reparatur, Ersatz

- [ ] 2.2.4 Entsorgung
  Recycling, Vernichtung

- [ ] 2.2.5 Zusatznutzen
  Zweitverwertung, Zubehörausbau

2.3 Informationen über die Ökonomie

- [ ] 2.3.1 *Lebensdauer*
- [ ] 2.3.2 *Zuverlässigkeit*
- [ ] 2.3.3 *Reparatur*
- [ ] 2.3.4 *Energieverbrauch*
- [ ] 2.3.5 *Wiederverkäuflichkeit*
- [ ] 2.3.6 *Wertverlust*

3 Vertrags-Texte Seite 82

3.1 Informationen über den Service

- [ ] 3.1.1 *Kundendienst-Leistung*
  Installation, Montage, Anpassung, Pflege/Wartung, Reparatur, Ersatzteile u.a.

- [ ] 3.1.2 *Kundendienst-Ort*
  Hersteller, Zweigniederlassung, Vertragshändler, Fachhändler u.a.

- [ ] 3.1.3 *Bedingungen*
  Dauer, Kosten u.a.

- [ ] 3.1.4 *Garantie*
  Umfang, Dauer, Durchführung, Bedingungen u.a.

3.2 Informationen über die Präsenz

- [ ] 3.2.1 *Ort*
  flächendeckend, selektiert, Qualität des Ortes u.a.

- [ ] 3.2.2 *Zeit*
  Vorrätigkeit, Nachlieferung, Ersatz u.a.

- [ ] 3.2.3 *Art (Modalität)*
  Zustellung, Abholung, Limitation, Abweichungen u.a.

3.3 Informationen über das Entgelt

- [ ] 3.3.1 *Preis*
  hoch, gemischt, konstant, tief u.a.

- [ ] 3.3.2 *Rabatt*
  Menge, Zeit u.a.

- [ ] 3.3.3 *Zahlung*
  Frist, Skonto, Inzahlungnahme u.a.

- [ ] 3.3.4 *Kredit*
  Höhe, Kosten, Bereitstellung u.a.

- [ ] 3.3.5 *Leasing*
  Leistungen, Kosten u.a.

3.4 Informationen über die Kommunikation

- [ ] 3.4.1 *Ort*
  Hersteller, Einzelhandel, Institution, Medien u.a.

- [ ] 3.4.2 *Umfang*
  Gesamtinfo, Einzelinfo, Vergleiche,
  Bedingungen u.a.

- [ ] 3.4.3 *Art*
  persönlich, telefonisch, schriftlich, elektronisch u.a.

- [ ] 3.4.4 *Zeit*
  Reaktion, Kontinuität u.a.

4 **Reiz-Texte** Seite 84

4.1 Informationen über die Empfindung

- [ ] 4.1.1 *Wert*
  Hochwertigkeit, Überlegenheit, Bereicherung u.a.

- [ ] 4.1.2 *Vertrauen*
  Zuverlässigkeit, Haltbarkeit u.a.

- [ ] 4.1.3 *Zeit*
  Gegenwart, Vergangenheit, Zukunft, Zeitlosigkeit u.a.

- [ ] 4.1.4 *Ästhetik*
  Schönheit, Harmonie u.a.

- [ ] 4.1.5 *Atmosphäre*
  Stimmung, Anregung, Begeisterung, Entspannung,
  Abenteuer u.a.

- [ ] 4.1.6 *Wahrnehmung*
  Seh-, Hör-, Tast-, Geschmacks- und
  Riech-Erlebnis u.a.

4.2 Informationen über den Antrieb

- ☐ 4.2.1 *Besitz*
  Schaffensdrang, Selbstbehauptung, Eigenmacht, Besitzwollen u.a.
- ☐ 4.2.2 *Sicherheit*
  Schutzdrang u.a.
- ☐ 4.2.3 *Sozialethik*
  Gesundheit, Fürsorge, Geselligkeit u.a.
- ☐ 4.2.4 *Daseinssteigerung*
  Selbstbestätigung, Fürsorge, Neugier, Handlung, Freude u.a.

2.Schritt
Aus dem Menü 2 »Händler-Erwartungen« die Erwartungen markieren, die der Händler/Geschäftspartner an das Unternehmen, an das Produkt oder an die Dienstleistung, stellen wird bzw. die das Unternehmen spiegeln will. Die einzelnen Punkte aus diesem Menü sind ebenfalls wieder nach dem vorgenannten Schlüssel zu bewerten.

MENÜ 2 - HÄNDLER-ERWARTUNGEN

5 Objekt-Texte Seite 80

5.1 Rationale Informationen

☐ 5.1.1 *Raum*
Platzanspruch, Einpaßbarkeit, Einordnung, Diebstahlsicherheit, Temperatur, Feuchtigkeit u.a.

☐ 5.1.2 *Personal*
Selbstverkäuflichkeit, Nachfüllvorgang, Preisauszeichnung, Leergut, Verpackung, Nachbestellung, Transport- und Lagerarbeiten, Reklamationsarbeiten u.a.

☐ 5.1.3 *Lagerung*
Flächenstapelung, Höhenstapelung, Haltbarkeit, Sicherheitsvorschriften u.a.

5.2 Verkaufsfördernde Informationen

☐ 5.2.1 *Sortiment*
Attraktivität, Vervollständigung, Niveaueinpassung, Marketingstrategie u.a.

☐ 5.2.2 *Leistung*
Beratungsintensität, Präsentationsaufwand u.a.

☐ 5.2.3 *Mehrkauf*
Großpackungen, Mehrstückpackungen, Sets u.a.

5.3 Marktorientierte Informationen

☐ 5.3.1 *Nachfrage*
Umschlagshäufigkeit, Trends, Dynamik, Saison u.a.

☐ 5.3.2 *Werbung*
Anzeigenschaltungen, TV-/Rundfunkwerbung, Mailings u.a.

☐ 5.3.3 *PR*
Pressearbeit, Öffentlichkeitsarbeit, Sponsoring u.a.

INDEX-KARTEI

1. Schritt

Für jeden mit 1, 2 und 3 bewerteten Punkt wird eine Index-Kartei angelegt. In der konventionellen Form heißt das: je eine Index-Kartei kopieren (Kopiervorlage auf Seite 165).

2. Schritt

Die Eckdaten in die vorgesehenen Felder eintragen.
Bei der Software-Lösung geht das automatisch.

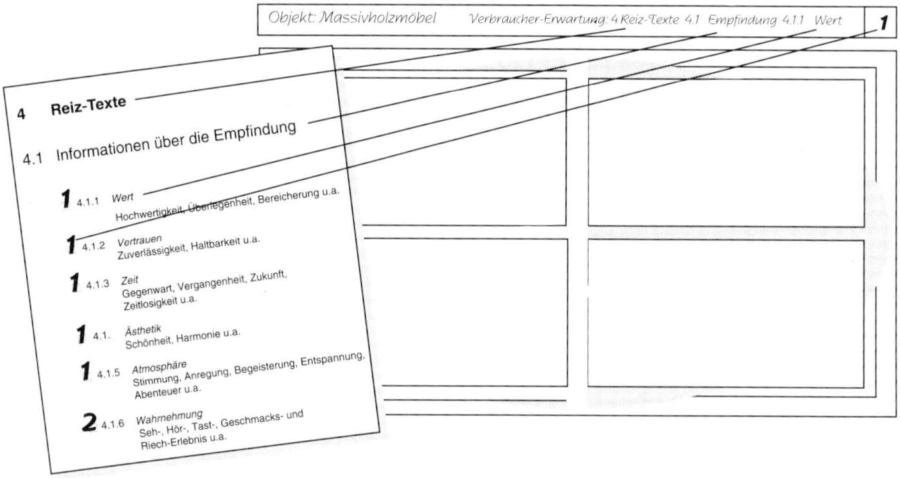

Das Beispiel zeigt einen Ausschnitt aus dem Inhaltsverzeichnis und eine handschriftlich ausgefüllte Karteikarte, die dem markierten Inhalt entspricht

3. Schritt

Es wird davon ausgegangen, daß die Wording-Bilanz und Text-Analyse (Fragebogen auf Seite 140) abgeschlossen ist. Die vorhandenen Kerninhalte werden jetzt auf die betreffenden Index-Karten übertragen. Und zwar nach folgendem Schema:

Links auf der Kartei stehen die rationalen Botschaften:

Im linken Feld unten Aussagen über Technik, Funktion, Fakten u.a.
Im linken Feld oben Aussagen über Garantie, Tradition, Sicherheit u.a.

In den beiden rechten Feldern stehen die emotionalen Botschaften:

Im Feld unten rechts die Aussagen über Umwelt, Gesundheit, Familie u.a.
Im Feld oben rechts die Aussagen über Abenteuer, Freizeit, Trends u.a.

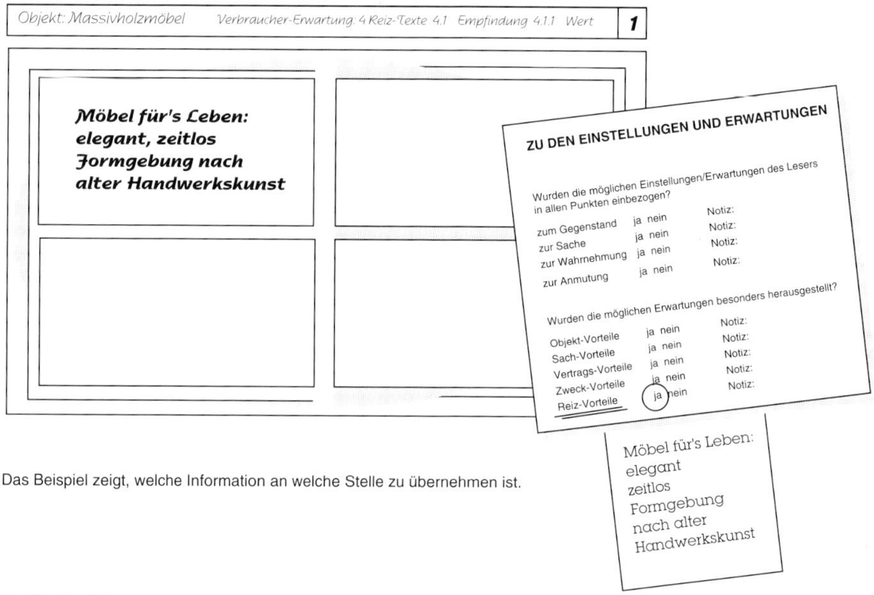

Das Beispiel zeigt, welche Information an welche Stelle zu übernehmen ist.

4. Schritt

Die Karteien mit den Bewertungsziffern 1 und 2 sind jetzt zu vervollständigen. Das heißt, nach der ersten Bestandsaufnahme wird zu jedem typologischen Feld, das noch offen ist, eine treffende Botschaft formuliert (damit kann natürlich auch eine Agentur nach einer genauen Einweisung beauftragt werden).

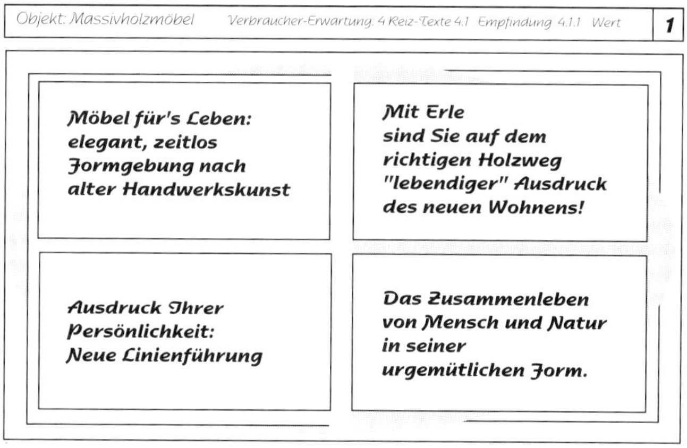

Das Beispiel zeigt, wie die vorherige Karte nun um weitere Aussagen ergänzt wurde.

5. Schritt

Sind alle Inhalte definiert und verabschiedet, können die Kartei-Inhalte auf eine Liste übertragen werden. Die Software erledigt das quasi per Knopfdruck.

6. Schritt

Über ein »Kommunigramm«, einem hausinternen Informations-Verteilerschlüssel, ähnlich aufzubauen wie ein Organigramm, werden schließlich die festgeschriebenen, numerisch geordneten Aussagen, an die einzelnen Abteilungen weitergeleitet. Die Inhalte, die das Unternehmen betreffen, sind in das Corporate Wording Manual zu übernehmen, das im nächsten Kapitel vorgestellt wird.

Steht einmal dieses strategische Konzept, so ist es wichtig, sich auch daran zu halten. Kontinuität ist das oberste Gebot und für den Erfolg von entscheidender Bedeutung. Die Gefahr besteht, schon nach kurzer Zeit alles wieder zu ändern. Das hat natürlich seinen Grund: Durch den ständigen Umgang mit den schriftlich fixierten Botschaften sind die Beteiligten bis zum Überdruß vertraut. Man drängt nach Erneuerung, bevor die Empfänger die bestehende Botschaft überhaupt zur Kenntnis genommen haben. Mangelnde Kontinuität macht sich als profilloser »Textsalat« bemerkbar.

CW Kommunigramm
(Info-Logistik)

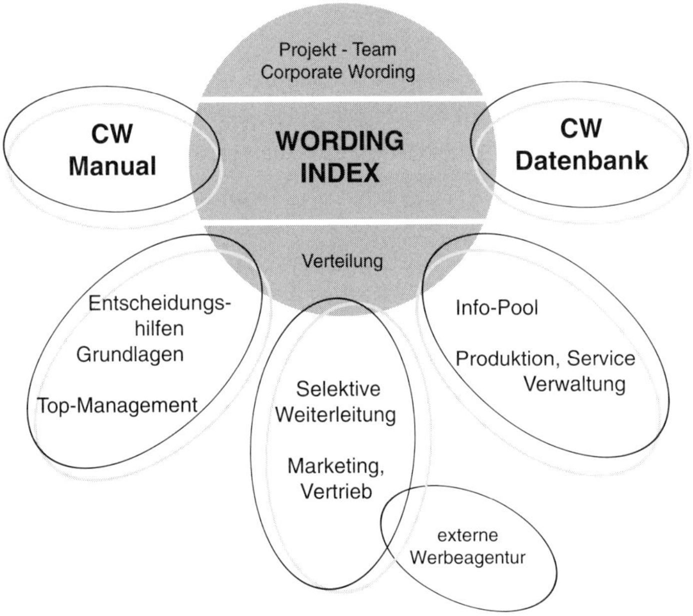

Kopiervorlage Index-Kartei

»Wenn du willst, daß die Leute ein
Schiff bauen, dann zeige Ihnen
nicht, wie man Bäume fällt,
sondern erzähle Ihnen von der
wunderschönen Welt
auf der anderen
Seite des Meeres.«

Quelle: Verfasser unbekannt

MANUAL

Anweisungen für Firmenautoren

Es ist nicht damit getan, wenn die Inhalte nur in den Köpfen der Konzeptionerinnen und Konzeptioner stecken. Die wesentlichen verbalen Corporate Wording Elemente lassen sich gut in einem Manual zusammenfassen. Die Anweisungen dienen allen »Firmen-Autoren«, also alle, die für schriftliche Kommunikation verantwortlich sind oder diese umsetzen, als Richtlinien.

Das letzte Kapitel schließt mit einem solchen Corporate Wording Manual ab. Der Autor hat hierzu als Fallbeispiel dem fiktiven Unternehmen »Corporate Wording« ein Manual erarbeitet, das hier in Auszügen wiedergegeben wird:

corporate WORDING

Manual zur unternehmerischen Schreibkultur

Vorwort an alle »Firmen-Autorinnen und -Autoren«

Wörter enthalten mehr als Nachrichten.
Im kommunikativen Wertewandel gewinnt der Text an Stellenwert.
Er wird Nummer Eins im Kommunikationsprozeß,
ist »Ausdruck« unserer Unternehmenskultur.

Wir haben versucht, Veränderungen unserer Umfelder, unserer Zielgruppen und Gesprächspartner frühzeitig wahrzunehmen, zu analysieren und zu bewerten. Die noch jungen Erkenntnisse daraus liegen Ihnen jetzt vor: Corporate Wording. Dies sind Leitlinien unserer schriftlichen Kommunikation - erstmals fixiert - grundlegend, behutsam und nachvollziehbar zugleich.

Die Inhalte wurden mit Corporate Design und Corporate Culture verknüpft. Sie sollen die Corporate Identity unseres Unternehmens optimieren. Homogen. Individuell. Variantenreich.

Unsere Schreibkultur soll einserseits die Flexibilität an zeitgemäßen Entwicklungen ausdrücken, andererseits aber auch erkennen lassen, daß wir Bewährtes beibehalten.

Alle Mitarbeiterinnen und Mitarbeiter, die für Text-Inhalte verantwortlich sind, ob in Werbung, Verwaltung oder allgemeiner Korrespondenz, erhalten diese Leitlinien, die für Sie hoffentlich eine ausdrucksstarke Basis bilden. Das Manual wird ergänzt und bei Bedarf aktualisiert.

Für Ihr Engagement herzlichen Dank.

Im Frühjar 1994

MANUAL ZUR UNTERNEHMERISCHEN SCHREIBKULTUR

INHALT

THESEN 4

UNTERNEHMEN 6

Firmenname 6
Schlüsseltexte 7
Unternehmensbereiche 7
Dienstleistungen 8

WÖRTERBUCH 9

UMGANGSSPRACHE 12

GESCHÄFTSBERICHT 13

Vorgaben 13

KORRESPONDENZ 15

Schriften 15
Gestaltung 16
Anrede 17
Schlußformeln 18
Muster eines Geschäftsbriefes 20
Keine Amtsfloskeln 21
Text-Menü 22
Antworten auf Anfragen 22
Vereinbarungen bestätigen 22
Briefe beenden 22
Heikle Geschäftsbriefe 23
Entschuldigungen 23
Um Verständnis bitten 23

PRESSEINFORMATIONEN 24

Pressemappe 24
usw.

THESEN

DER CORPORATE ANSPRUCH

Unsere Schreibkultur ergibt sich aus den Unternehmensgrundsätzen und aus dem Identity-Ziel.

DIE SPRACHE

Unsere Schreibkultur stellt den Beziehungsaspekt vor die Sachinformationen.

DIE TYPOGRAFIE

Sichtbarer Ausdruck unserer Schreibkultur ist die Typografie.
Sie ergibt sich aus dem Corporate Design,
transportiert den Image-Wert unseres Unternehmens
und ist lesefreundlich gestaltet.

DIE BILDERSPRACHE

Zu unserer Schreibkultur gehört das Selbstverständnis,
Texte so aufzubereiten, daß sie durch ihre Klarheit und einen hohen Bildgehalt auch von Leserinnen und Lesern ohne Vorkenntnisse verstanden werden.

DIE SINNESREIZE

Corporate Wording will mit Hilfe multisensorischer Texte ein positives Wahrnehmungsklima schaffen.

MANUAL 4

DIE EINSTELLUNGEN UND ERWARTUNGEN

Die Konzeption unserer Schreibkultur ist nach außen gerichtet. Keine Texte zum Selbstzweck, sondern um die Einstellungen und Erwartungen unserer Leserinnen und Leser zur Sache, Wahrnehmung und Anmutung zu spiegeln.

DIE TYPOLOGIEN

Unsere Schreibkultur soll den spontanen, kalkulierenden, sensiblen und traditionellen Typus gleichermaßen ansprechen und gezielt typologische Alleinstellungsmerkmale beinhalten.
Dabei findet die Mehrheit der Bevölkerung - die Frauen - Beachtung. Das heißt, daß stets auch die weibliche Form geschrieben wird (z.B. Mitarbeiterinnen und Mitarbeiter).

DAS TYPOLOGISCHE WÖRTERBUCH

Zur Orientierung und als Hilfsmittel zur Umsetzung der homogenen Schreibkultur wurde ein typologisches Wörterbuch erstellt, das die Basis für neu zu schaffende Texte bildet.

UNTERNEHMEN

FIRMENNAME

- Der Firmenname wird generell so geschrieben:

  corporate WORDING

  In Fließtexten:

  Corporate Wording

  In Texten, die ausschließlich in Versalien stehen:

  CORPORATE WORDING

- Der Firmenname steht immer in einer Zeile.
  Er wird möglichst nie getrennt.

- Die Abkürzung »CW« ist zulässig.

- Die Firmenbezeichnung einschließlich Gesellschaftsform:

  corporate WORDING Aktiengesellschaft
  oder
  corporate WORDING AG

  Der Firmenname wird überall dort benutzt,
  wo der Inhalt keinen juristischen Hintergrund hat.

  Die Firmenbezeichnung wird in juristischen Texten verwendet.
  (Beispiel: Angebote, Auftragsbestätigungen, Rechnungen, Verträge u.a.)

SCHLÜSSELTEXTE

Der Firmenname wird durch folgenden Schlüsseltext in allen Schriftdokumenten und in der Außenwerbung ergänzt:

Identität wörtlich nehmen.

Auf Briefbögen, Visitenkarten und in allen Schriftdokumenten, die den Raum dazu bieten, wird der Schlüsseltext um eine zusätzliche Botschaft erweitert:

Die unternehmerische Schreibkultur:
informierend, darstellend, bewegend,
stimulierend, profilierend und
konfrontierend. Mit Corporate Wording
Kenntnisse begreiflich vermitteln.
Durch Kenntnisse Meinung bilden.
Durch Meinung Überzeugung gewinnen.
Durch Überzeugung Vertrauen erwerben und
Übereinstimmung erzielen.

UNTERNEHMENSBEREICHE

❏ Die Unternehmensbereiche und Abteilungen werden in einheitlicher Schreibweise wie folgt bezeichnet:

Gestaltung
Presse und PR
Multimedia
Seminare

Zusätze wie »Abteilung« oder »Bereich« sind unerwünscht.

DIENSTLEISTUNGEN

❑ Die Dienstleistungen werden in einheitlicher Schreibweise wie folgt bezeichnet:

Gestaltung
Bestandsaufnahme und
Entwicklung einer neuen Schreibkultur

Text-Gestaltung von Produktinformationen,
Presseinformationen, Korrespondenz
und Geschäftsberichten

Presse und PR
Text-Gestaltung von Presseinformationen
Verteiler-Aufbau und Aussendungen

Multimedia
Multimedia Point-of-Informations
Multimedia Electronic Publishing

Seminare
Mitarbeiterschulungen und Workshops
Trainer-the-Trainer Medienwerkzeuge

WÖRTERBUCH

Zwei unserer Corporate Wording Thesen lauten:

Unsere Schreibkultur soll den spontanen, kalkulierenden, sensiblen und traditionellen Typus gleichermaßen ansprechen und gezielt typologische Alleinstellungsmerkmale beinhalten.

Zur Orientierung und als Hilfsmittel zur Umsetzung der homogenen Schreibkultur wurde ein typologisches Wörterbuch erstellt, das die Basis neu zu schaffender Texte bildet.

- ❑ Wir vermeiden Unwörter
(z.B. kollektiver Freizeitpark).

- ❑ Wir ersetzen Allerweltswörter durch
treffendere Synonyme.

  Beispiel:
  interessant (viel zu allgemein)

  Synonyme für »interessant«:
  anregend, ansprechend, spannend,
  fesselnd, reizvoll, entzückend, ergreifend,
  packend, mitreißend, lehrreich, instruktiv,
  aufschlußreich, bemerkenswert, lesenswert,
  sehenswert, hörenswert, beachtenswert,
  erwähnenswert, wissenswert, markant,
  repräsentativ, anziehend, hübsch, kennzeichnend,
  kurzweilig, nützlich, wichtig u.a.

- ❑ Wir orientieren uns bei der Textgestaltung an Wirkungen von Reizwörtern. Die folgende Tabelle gibt einen schnellen Überblick, auf welche »Wörterbücher« zurückgegriffen werden kann:

psychologische Reiz-Wörter / Einstellungen/Erwartungen		Blaues Wörterbuch für die Perfektionisten		Grünes Wörterbuch für die Konservativen		
		Leistung	Erfolg	Tradition	Zuverlässigk.	
WERT	Hochwertigkeit	xxx			xx	Informationen über die Empfindung
	Überlegenheit	xxx	xxx			
VERTRAUEN	Haltbarkeit	xx	xxx			
	Zuverlässigkeit	xx			xxx	
ZEIT	Gegenwart	xxx	xxx			
	Vergangenheit			xxx		
	Zukunft	xxx	xxx			
	Zeitlosigkeit			xx		
ÄSTHETIK	Schönheit			x		
	Harmonie			x		
ATMOSPHÄRE	Stimmung			x		
	Anregung					
	Begeisterung					
	Entspannung			x	x	
	Abenteuer					
BESITZ	Selbstbehauptg.	xxx	xxx	xx		Informationen über den Antrieb
	Besitzwollen	xx	xx			
SICHERHEIT	Schutzdrang	x	x	xxx	xxx	
SOZIALETHIK	Gesundheit	x	x	x	xxx	
	Geborgenheit			xx		
	Fürsorge			xx	xx	
	Geselligkeit					
DASEINS-STEIGERUNG	Selbstbestätig.	xxx	xxx			
	Selbstdarstellg.	xx	xxx			
	Neugier	x	x			
	Handlung	x	x			
	Freude					

MANUAL 10

xxx = sehr wichtig   xx = wichtig   x = noch wichtig

psychologische Reiz-Wörter / Einstellungen/Erwartungen		Gelbes Wörterbuch für die Impulsiven		Rotes Wörterbuch für die Emotionalen		
		Neuheit	Image	Ästhetik	Umwelt	
WERT	Hochwertigkeit		xxx	xx		Informationen über die Empfindung
	Überlegenheit	xx	xx			
VERTRAUEN	Haltbarkeit				xxx	
	Zuverlässigkeit					
ZEIT	Gegenwart	xxx	xxx	x	x	
	Vergangenheit				xx	
	Zukunft	xxx	xx		x	
	Zeitlosigkeit			xx		
ÄSTHETIK	Schönheit	xx	xx	xxx	xx	
	Harmonie			xx	xxx	
ATMOSPHÄRE	Stimmung	x	xxx	x	xxx	
	Anregung	xxx	xx	xx	xx	
	Begeisterung	xxx	xxx	xx	xx	
	Entspannung			xxx	xxx	
	Abenteuer	xxx	xx		xx	
BESITZ	Selbstbehauptg.		x			Informationen über den Antrieb
	Besitzwollen	xxx	xxx	x		
SICHERHEIT	Schutzdrang			x	x	
SOZIALETHIK	Gesundheit				xxx	
	Geborgenheit			x	xxx	
	Fürsorge				xxx	
	Geselligkeit	xx	xx		xxx	
DASEINS-STEIGERUNG	Selbstbestätig.	xx	xx			
	Selbstdarstellg.	xxx	xxx	xx	xx	
	Neugier	xxx				
	Handlung	x	xx		xxx	
	Freude	xxx	xx	xx	xxx	

xxx = sehr wichtig xx = wichtig x = noch wichtig

11 MANUAL

UMGANGSSPRACHE

- ❑ Wir vermeiden nachlässige Umgangssprache und Modewörter, die unser Ziel einer fortschrittlichen Schreibkultur negativ beeinflussen könnten:

  Beispiele:
  albern, blöde, doof, dreist, fies, geil, gnädig, 100pro, lächerlich, super, übel, unverschämt, verrückt u.a.

- ❑ Wir vermeiden Adjektive, die negative Empfindungen auslösen.
  Wir wenden Sie nur in Ausnahmefällen an, wenn Sie auch wirklich zutreffen.

  Beispiele:
  anmaßend, bedenkenlos, bockig, dreckig, ekelhaft, förmlich, geschmacklos, großspurig, häßlich, kleinbürgerlich, kleinkariert, kompliziert, linkisch, öde, plump, schlampig, starrsinnig, undurchsichtig, uninterressant, unmöglich, unpraktisch, untauglich, unwiderruflich, zynisch u.a.

- ❑ Absolut unerwünscht sind Wörter, die kriegerische Assoziationen wecken:

  Beispiele:
  kÔmpfen, radikal, feindselig, militant, rabiat, bombenmäßig, fanatisch, erbarmungslos, rigoros, gehorsam u.a.

  Auch eine Wortwahl wie
  "Unsere Waffe gegen die Konkurrenz"
  darf nicht verwendet werden.

GESCHÄFTSBERICHT

VORGABEN
Zielsetzung:

Schreibe, damit ich Dich richtig sehe.

frei nach Demosthenes

Unsere Zielgruppe

sind Banken, Journalisten, Kunden, Lieferanten, Mitarbeiter und die allgemeine Öffentlichkeit.

Unsere Inhalte

sind bewußt nach den vier psychologischen Typen aufbereitet:

▲ = Fakten, Zahlen, Strategie

■ = Qualität, Zuverlässigkeit

★ = *Innovation und Vision*

● = *Menschen und Umwelt*

Redaktionelle Vorgaben

❑ Unser Geschäftsbericht ist vollständig, lesefreundlich, ansprechend, überzeugend, offen, selbstbewußt, ehrlich und meinungsbildend .

❑ Unternehmensstruktur und Produktpalette werden vorgestellt. Lesern, die uns bislang nicht kannten, soll ein deutliches Bild vermittelt werden.
Wir geben Informationen über Status, Tochterunternehmen, Beteiligungen, Joint Ventures, Beteiligungspolitik und Akquisitionspoliti.

Fakten, Zahlen, Strategie

❑ Wir stellen die strategischen Stärken deutlich heraus und erläutern, welche Marktchancen sich daraus ergeben.

❑ Wir präsentieren die Zahlen zur Unternehmensentwicklung: Mehrjahres-, Wirtschafts- und Branchenvergleich, Entwicklung von In- und Ausland, Marktanteile, Trends und Prognosen.
Alle Zahlen müssen nachvollziehbar sein.

❑ Wir informieren über Geschäftsgang, Ertragslage und Dividendenpolitik:

13 MANUAL

Zahlenbilanz, Erfolge, aber auch Mißerfolge, Aufwendungen, Rücklagen, Gewinn und Gewinnverwendung.

- ❑ Klare Alleinstellungsmerkmale müssen die Abgrenzung zum Wettbewerb deutlich machen.

Qualität, Zuverlässigkeit

- ❑ Wir bringen Tradition, Kompetenz und Zuverlässigkeit mit unserer Unternehmensgeschichte in Verbindung. Den Leser informieren wir, wo die Wurzeln des Unternehmens liegen, welche Menschen dahinter stehen und was bislang geleistet wurde.

- ❑ Wir stellen neue Vorhaben vor allem unter dem Gesichtspunkt des gesellschaftlichen Nutzens vor.

- ❑ Wir beschreiben die Beziehung und künftige Zusammenarbeit mit unseren Lieferanten und begründen die Sicherheit, das richtige Unternehmen zu beliefern.

Innovation und Vision

- ❑ Wir zeigen auf, welche neuen Wege das Unternehmen gehen wird und welche Entwicklungen verfolgt werden.

- ❑ Wir spiegeln gestalterisch die Qualität und die Unternehmensidentität in Papier, Typographie und Bildern sowie in einer aktiven, verständlichen Sprache wider.

- ❑ Wir geben Einblick, wer im Unternehmen für welche Bereiche verantwortlich ist. In einer Kurzvita stellen wir die Führungskräfte als Menschen mit Persönlichkeit vor: berufliche und private Herkunft, besondere Fähigkeiten und seine Visionen.

Menschen und Umwelt

- ❑ Wir zeigen die Zukunft für die Mitarbeiter und deren Chancen klar und verständlich auf und begründen die Sicherheit, im richtigen Unternehmen mitzuarbeiten.

- ❑ Wir beantworten Fragen zum ökologischen Konzept, Einsatz von Rohstoffen, zur Beseitigung von Abfällen und Entsorgung.

KORRESPONDENZ

SCHRIFTEN

- Briefe und gleichartige Schriftstücke werden in Proportionalschrift verfaßt.

- Alle anderen Texte, zum Beispiel Tabellen, in Schriften mit fester Schrittschaltung.

- Texte, die an Olivetti Schreibmaschinen verfaßt werden, sind mit folgenden Schrifttypen zu drucken:

Proportionalschrift	**Feste Schrittschaltung**
PS KENT 158	10/12 Letter G. 458

- Für Texte, die mit PC-Software unter Windows erstellt werden, ist die Schriftart Arial zu verwenden.

  Werden Texte mit PC-Software unter DOS erstellt, wie zum Beispiel »PC-Text«, oder mit der Großrechner-Software »M-Text« wird die Schriftart Letter Gothic verwendet.

  Sollten die vorgenannten Schriften nicht vorhanden sein, so kann eine Schrifttype gewählt werden, die am meisten ähnelt.

GESTALTUNG

Zielsetzung:

Briefkultur ist die Verbeugung vor der Kunst der Kommunikation.

Französischer Modephilosoph, Quelle: Zanders Feinpapiere AG

- ❑ Briefe werden mit einzeiliger Zeilenschaltung, linksbündig, im Flattersatz und Absätze ohne Zeileneinrückung geschrieben.

- ❑ Umfangreiche Texte können bis zu 60 Anschläge pro Zeile enthalten, kürzere Texte sind mit maximal 40 Anschlägen pro Zeile zu schreiben.

- ❑ Das Datum immer ausschreiben.
  Beispiel: 5. Oktober 1994

- ❑ Die Briefe enthalten kein Bezugszeichen.
  Dafür aber immer die vollständige Nennung von Abteilung sowie Vor- und Zuname.

- ❑ Der Betreff wird in Fettdruck geschrieben, nicht unterstrichen und ohne Bezeichnung »Betreff«.

- ❑ Anlagen und Verteilervermerke folgen 2 Zeilen nach der Firmenbezeichnung. Der Zusatz »Anlage« entfällt, da dies aus dem Text hervorgehen muß.
  Beispiel: 2 Prospekte, 1 Preisliste

- ❑ Ein Postscriptum kann ohne den Zusatz »PS:« erfolgen. Ein Nachsatz ist als solcher immer zu erkennen.

ANREDE

Zielsetzung:

Wir fördern den Dialog im Brief

- ❑ Anreden wie »Sehr geehrte« oder »Sehr verehrte« sind unzulässig.
  Je nach Anlaß und Bezug zum Adressaten kann zwischen folgenden Anreden ausgewählt werden:

Auswahlmenü für Anreden

Guten Tag zusammen,

Guten Tag, Frau Müller,

Guten Tag, liebe Frau Müller,

Guten Morgen, Herr Müller,

Lieber Herr Müller,

Persönliche Briefe

- ❑ Bei nicht rechtsverbindlichen, persönlichen Briefen in Du-Form, die auch nur mit dem Vornamen unterzeichnet werden (siehe unter Schlußformel), kann natürlich die gewohnte Ansprache vorgezogen werden.

SCHLUSSFORMELN

Zielsetzung:

Briefwechsel ist die Seele des Geschäfts.

Schweizer Geschäftsmann, Quelle: Zanders Feinpapiere AG

❑ Menschen aus unserem Unternehmen grüßen immer freundlich und situationsbezogen, niemals aber mit »Hochachtungsvoll« oder der Allerweltsfloskel »Mit freundlichen Grüßen«, die täglich millionenfach benutzt wird. Die Schlußformel ist ein wichtiges Stilmittel, unsere fortschrittliche Schreibkultur wörtlich zu nehmen.

Je nach Anlaß und Bezug zum Adressaten kann zwischen folgenden Schlußformeln ausgewählt werden:

Auswahlmenü für Schlußformeln

Freundliche Grüße
Kollegiale Grüße
Sonnige Grüße aus Frankfurt
Bunte Herbst-Grüße an die Elbe
Nach Hamburg grüßt freundlich
Wintergrüße aus dem Süden
Freundliche Grüße zur Isar-Stadt
Sommerliche Grüße vom Hochrhein an die Spree
Bis nächste Woche in Berlin, Ihr
Auf Wiederhören bis zum vereinbarten Telefongespräch
Erfolgreiche Wünsche zur Messe senden Ihnen

Eine Anregung für Post, die freitags verschickt wird:

Einen guten Start in die neue Woche wünscht

MANUAL 18

Reihenfolge der Schlußformel

❑ Folgende Reihenfolge ist bei der Schlußformel einzuhalten:

1. Grüße
2. Vor- und Zuname
3. Firmenname
4. Abteilung

Beispiel:

Kurzweilige Messetage wünscht

Max Müller

Max Müller
für
corporate WORDING AG
Presse und PR

Persönliche Briefe

❑ In nicht rechtsverbindlichen, persönlichen Briefen in Du-Form, kann auch eine ganz persönliche Grußformel, also auch ein »Tschüs«, »Ciao!« oder »Tschau«, folgen. Es wird nur mit Vornamen unterzeichnet, nach der Unterschrift folgen der Vor- und Zuname, aber kein Firmenname und keine Abteilung.

Beispiel:

Tschüs, bis zum nächsten Mal!

Max

Max Müller

MUSTER EINES GESCHÄFTSBRIEFES

corporate WORDING AG

corporate WORDING AG . Postfach 10 023 . D-99899 Musterstadt

Phantasia GmbH
Geschäftsleitung
Herrn Jürgen Brandt
Maulwurfshügel 16-20

22999 Amselfeld

5. Oktober 1994

Seminar: Treffend Schreiben

Guten Tag, Herr Brandt,

für das anregende, kurze Gespräch in der Pause
und für das aktive Mitmachen nochmals vielen Dank.

Ihren Wunsch erfülle ich heute:
Hier das versprochene Kurz-Portrait mit allen Fakten.
Ihre Garantie für zuverlässige Leistung.

Werfen Sie gleich einen Blick in die Mappe.
Vielleicht wecken die vielfältigen Inhalte spontane Wünsche
oder regen zu vorausschauenden Plänen an...

Natürlich freue ich mich, wenn wir morgen oder
irgendwann in der Zukunft einmal ein Projekt
gemeinsam anpacken können. Höre ich wieder von Ihnen?

Kurzweilige und sonnige Herbst-Tage
wünscht Ihnen

Luitwin Behrentroth
für
corporate WORDING AG
Seminare

corporate WORDING AG

Postfach 10 023 . D-99899 Musterstadt
Fon: (09999) 33-0 Fax: 33-012
Hausadresse: Tanneneck 1 . D-99899 Musterstadt

Sitz der Gesellschaft: Musterstadt, Amtsgericht Musterstadt HRB 0011
Vorstand: Dr. Klaus von Neuhof (Vors.),
Wendelin Bülow, Helge Kummert, Antoine Linsenkrampf
Vorsitzender des Aufsichtsrats: Wolfgang Müller-Lüdenscheidt

MANUAL 20

KEINE AMTSFLOSKELN

Anlage	nicht so:	In der Anlage senden wir Ihnen Prospektmaterial.
	sondern so:	Zusammen mit diesem Brief schicke ich Ihnen...
aufgrund	nicht so:	Aufgrund unserer guten Zusammenarbeit...
	sondern so:	Wir haben immer gut zusammengearbeitet, deshalb...
beigefügt	nicht so:	Sie erhalten die beigefügten Prospekte.
	sondern so:	Heute bekommen Sie...
beiliegend	nicht so:	Beiliegend sende ich Ihnen Prospektmaterial.
	sondern so:	Heute sende ich Ihnen...
Bezug nehmend	nicht so:	Bezug nehmend (Wir beziehen uns) auf Ihre Anfrage...
	sondern so:	Hier die Antwort auf Ihre Frage...
dienen	nicht so:	Ich hoffe, Ihnen mit diesen Informationen gedient zu haben (dienlich gewesen zu sein), und zeichne...
	sondern so:	Ich freue mich, wenn Ihnen die Informationen weiterhelfen...
dürfen	nicht so:	Hiermit dürfen wir uns für die Bekanntgabe Ihrer neuen Anschrift bedanken.
	sondern so:	Sie haben uns Ihre neue Anschrift genannt. Vielen Dank.
höflichst	nicht so:	...und bitten Sie höflichst...
	sondern so:	bitte...
zwecks	nicht so:	...zwecks Information...
	sondern so:	zur Information

Ganz überflüssig sind folgende Floskeln:

gegebenenfalls/ggf.
mitteilen
obengenannt/og.

21 MANUAL

TEXT-MENÜ

Zielsetzung:

Ein guter Brief bringt eine gute Antwort.

Japanisches Sprichwort

ANTWORTEN AUF ANFRAGEN

Danke für Ihr Interesse.
Hier sind die gewünschten Unterlagen.

Besten Dank für Ihre Antwortkarte.
Sie hatten gezielt Informationen über.... gewünscht.

Das kurzweilige Gespräch mit Ihnen während der Messe hat uns sehr gefreut. Hier nun das versprochene Muster.

Wir hatten Ihre Wünsche auf unserer Ausstellung notiert.
Mit diesem Brief erhalten Sie...

VEREINBARUNGEN BESTÄTIGEN

Wir freuen uns über das Ergebnis.
Sie waren ein fairer Verhandlungspartner. Vielen Dank.

Vielen Dank für Ihre Anmeldung.

Für Ihren Besuch und den anregenden Erfahrungsaustausch nochmals herzlichen Dank.

BRIEFE BEENDEN

Höre ich wieder von Ihnen? Darauf freue ich mich.

Wir freuen uns auf Ihre Nachricht und reagieren sofort.

Haben Sie noch Fragen? Bitte melden Sie sich kurz telefonisch.

Wir rufen dann sofort zurück und erläutern Ihnen alle Details.

Das ist unser Angebot. Werden Sie es nutzen?

Wann sprechen Sie mit uns über Ihre Pläne?

MANUAL 22

HEIKLE GESCHÄFTSBRIEFE

Zielsetzung:

Beantworte keinen Brief im Ärger.

Chinesische Weisheit

1. Kommen Sie direkt zur Sache
   - Fassen Sie sich kurz
   - Schreiben Sie sachlich

2. Beschreiben Sie die Situation
   - Seien Sie objektiv
   - Seien Sie ehrlich
   - Geben Sie Informationen

3. Zeigen Sie Lösungswege
   - Unterbreiten Sie einen Vorschlag mit Vorteil
   - Schlagen Sie einen Termin vor

Beispiele:

ENTSCHULDIGUNGEN

Wie können wir unseren Fehler wiedergutmachen?
Wir schlagen vor...   Sind Sie damit einverstanden?

Sie hatten recht: der Rechnungsbetrag war falsch.
Bitte entschuldigen Sie diesen Fehler.

Sie haben durch unser Versehen einen Mehraufwand gehabt. Das tut uns leid.

Die Rechnung - Entschuldigung! - haben wir wirklich übersehen.

UM VERSTÄNDNIS BITTEN

Ihren Ärger verstehen wir gut.

Daß die verspätete Lieferung Sie geärgert hat - verständlich.

Wir haben natürlich Verständnis dafür, daß Sie...

23 MANUAL

Petri, C. (1992):	Entstehung und Entwicklung kreativer Werbeideen, Heidelberg: Physica
Poth, L. G. (1993):	Marketing, Loseblattwerk in 3 Bänden, Neuwied/Kriftel: Luchterhand
Raith, W. (1988):	Gut schreiben. Ein Leitfaden, Frankfurt/M. New York: Campus Verlag
Schulz von Thun, F. (1981):	Miteinander reden. Allgemeine Psychologie der Kommunikation, Reinbek: Rowohlt Taschenbuchverlag
Schwibbe, M. und G./ Räder, K./ Borchard, M. & Geiken-Pophanken, G. (1981):	"Zum emotionalen Gehalt von Substantiven, Adjektiven und Verben", Zeitschrift für Experimentelle und Angewandte Psychologie, Band XXVIII, Heft 3, S. 486-501
Silbermann, A. (1993):	Alle Kreter lügen. Die Kunst, mit Vorurteilen zu leben, Bergisch Gladbach: Gustav Lübbe Verlag

Weitere Quellenhinweise

Quellenangabe zu den Wortnormierungsstudien

Handbuch deutschsprachiger Wortnormen
Willi Hager und Marcus Hasselhorn (Hrsg.)
Göttingen: Hogrefe Verlag für Psychologie

Die Normdaten befinden sich auf zwei Disketten, auf die im Handbuch Bezug genommen werden. Ausgedruckt umfassen die Tabellen rund 1300 DIN-A4-Seiten.

Aus folgende Normdaten wurden Wörter und Daten für die im Buch genannten Beispiele verwendet:

Bildhaftigkeit, Konkretheit und Bedeutungshaltigkeit
für 1170 Substantive
- Baschek, Bredenkamp, Oehrle und Wippich:
  Bildhaftigkeit, Konkretheit und Bedeutungshaltigkeit für 800 Substantive
  einschließlich 40 Wiederholungswörter (w)
- Hager:
  Bildhaftigkeit, Konkretheit und Bedeutungshaltigkeit für 63
  mehrdeutige Substantive
- Hager, Asmuss, Grube und Heupst:
  Bedeutungshaltigkeit für 488 Substantive
- Heupst und Hager:
  Bildhaftigkeit und Konkretheit für 260 Substantive
- Offe, Anneken und Kessler:
  Bildhaftigkeit und Konkretheit für 233 Substantive
- M. Schwibbe, Räder, G. Schwibbe, Borchardt und Geiken-Pophanken:
  Valenz, Potenz und Erregung für 800 Substantive

Angenehmheit für 1188 Adjektive
- Busz, Cohen, Poser, A. Schümer, R. Schümer und Sonnenfeld:
  Prägnanz für 192 von 773 Adjektive (Experiment I) und
  Prägnanz für 160 der 773 Adjektive nochmals in einer neuen Stichprobe
  (Experiment II); darin enthalten sind 61 Adjektive, die
  sowohl in Experiment I wie in Experiment II eingeschätzt wurden.
- Hager, Mecklenbräuker, Möller und Westermann:
  Angenehmheit für 580 Adjektive
- Möller und Hager:
  Angenehmheit für weitere 452 Adjektive
- Klapprott:
  "soziale" Erwünschtheit, vermutete Auftretensrate in Prozent, Informationsmenge
  und Schwierigkeit beim Ersetzen des Adjektives durch eine Verhaltensdeskription
  für 338 bzw. 361 Adjektive;
  Vier von 338 Adjektiven werden nur in Klapprott eingeschätzt,
  und 27 von 361 Adjektiven werden nur in Klapprott untersucht.
- Mecklenbräuker, Hager und Möller:
  (persönliche) Erwünschtheit
- Ostendorf:
  "soziale" Erwünschtheit für 823 Adjektive

Weitere Quellen:

"Es gibt die Muttersprache"
"Hauptwörter"
"Das kann doch nicht immer so weitergehen"
"Was Wörter alles können"
"Werbung"
"Psychologie"

aus:
Hans-Manz
Die Welt der Wörter
Beltz Verlag, Weinheim und Basel 1991
Programm Beltz & Gelberg, Weinheim

"Mir" von Christine Nöstlinger
Christine Nöstlinger / Jutta Bauer
Ein und Alles
Beltz Verlag, Weinheim und Basel 1992
Programm Beltz & Gelberg, Weinheim

Stichwortverzeichnis

A

Abstrakt 54, 55
Adjektive 55, 56, 57, 58, 60, 61, 125, 126
Age of me 88
Alleinstellungsmerkmale 156
Alltagskorrespondenz 21
Amtsfloskeln 14, 189
Analog 46
Analogien 61
Analyse 138, 146
Angenehme Wörter 58
Angenehmheit 58, 59, 60
Anrede 185
Antonyme 61
Antworten auf Anfragen 190
Anzeigen 65
Anzeigentexte 97, 99, 101, 103
akustische Wiedergabe 66
Anweisungen 146, 168
Anzeigen 19
Appell 105
Appellfunktion 30
Arbeitsgemeinschaft für das Werbefernsehen (AGW) 94
Archetypen 92
Assoziationen 43, 61, 62, 124
Assoziationsdatenbank 62
Assoziationsstudie 125
Assoziationstendenzen 62
assoziatives Wörterbuch 62
auditiv 73
auditive Typen 75
auditiver Kanal 75
Auswahlmenü für Anreden 185
Authentizität 21

B

Baschek 193
Bauer Verlagsgruppe 25
bedeutungshaltige Wörter 57
Bedeutungshaltigkeit 57, 59, 60
Bedienungsanleitung 18
Bellini 67
Bents 193
Bescheidenheit 21
Bestandsaufnahme 132, 163
Beurteilung 72, 94
Bibliophile Ausgabe 37
Bilder 42
Bildersprache 50, 51, 141, 150, 172
bildhafte Wörter 55
Bildhaftigkeit 55, 60
Bildkommunikation 42
Bildvorstellungen 55
Blank 193
blaues Wörterbuch 124, 127, 178
Blaupunkt 53
Borchard 194
Bosch 48
Boss 14, 34, 106
Bredenkamp 193
Briefe 54
Briefe beenden 190
Briefing 132, 133, 138
Briefkultur 184
Bromann 193
Buchkunst 35
Bühler 30, 31
Bungert 193

C

CAAS (Computer Aided Advertising System) 63
Checkliste 138, 146
Checkliste zum Schriftgut 138, 139
Checkliste: Instruktion 146
CI-Fundament 12
CI-Konzepte 12
CI-Paket 12
Corporate Anspruch 18, 23, 140, 148, 172
Corporate Communication 19, 20, 21
Corporate Culture 19
Corporate Design 19, 20, 21, 23, 66
Corporate Design Strategie 65
Corporate Identity 12, 19, 21, 23
Corporate Image 19
Corporate Wording 19, 20
Corporate Wording Club 133
Corporate Wording Manual 132, 168
Corporate-Gebilde 18
CW Kommunigramm 164

D

Das typologische Wörterbuch 173
Datenbank 126
Defizite im Fremdbild 14
DemoSCOPE 92, 104
Denken 79, 92
Design 19, 21
Dialog 19
Dienstleistungen 176
DISG-Persönlichkeitsprofil 92
Displays 65
Dongowski & Simon 63
Drucksachen 19
Drucktechnik 120
Durchführung 153
Durchsetzungskonzept 132

E

Ego-Gesellschaft 88
Einstellung 79, 141, 151, 173
Einstellung und Verhalten der Mitarbeiter 20
Einstellungen/Erwartungen 85, 178, 179
Elementarfarben 118
emotionale 106, 125, 126
Emotionaler 91, 102, 125
emotionale Botschaften 162
Emotionalität 21, 70
Empfindungen 79, 92
Empfindungswelten 21
Empfundenes Leseinteresse 98
Entschlüsselung von Zeichen und Wörtern 42
Entschuldigung 191
Entwicklungskonzept 132
Erco 35
Erwartung 78, 141, 151, 173
Euro-Farbskala 120

F

Farbassoziationen 118
Farben 118, 142
Farbenlehre 118
Festlegungen 146
Firmen-Autoren 168
Firmenname 174
Floskeln 189
Folder 114
Förster 48, 193
Fortschritt 112, 113
Fotobuch 40
Fragebogen 138
Fragebogen zum Schriftgut 138, 140
Fragebogen zur Analyse von Konkurrenz-Texten 138
Fragebogen zur Text-Analyse 138, 140
Fremdbild 19
Freud 78
Fried 5
Frieling 119, 193
Frisch 77
Fühlen 19, 75, 92
Fühlmenschen 75
Fuhrpark 19
Führungsgrundsätze 20
Führungshandeln 20
Führungskonzept 19
Führungskräfte 133
Führungsstil 19
Funktionen 79, 92
Funktionstypen 80, 125

G

Gaede 61, 193
ganzheitlich 46
Gebrauchsanleitung 52
Gebrauchsanweisungen 35
Gedächtnisbilder 53, 62, 73
gedruckte Wiedergabe 66
Gefühle 106
gefühlsmäßig 72
gefühlsmäßiges Interesse 102
Gehirnhälften 42
Geiken-Pophanken 194
Geist des Hauses 19
gelbes Wörterbuch 124, 129, 179
Gemüt 118
Geschäftsbericht 35, 65, 66, 181
Geschäftsbrief 188
Geschmack 21
geschriebenes Wort 23
gesellschaftliche Normen 20
gewachsene Kommunikationskultur 134
Gleichnis 51
Goethe 49, 118, 119, 120, 199

GP Forschungsgruppe 20, 21
Gradation 61
grünes Wörterbuch 124, 128, 178
Grundeinstellung 79
Grundmuster des Verhaltens 88
Grundtypen 89
Guten Tag 24, 25

H

Hager 193, 195
Händler-Erwartungen 161
Hausfarben 19
Heikle Geschäftsbriefe 191
Heller 118, 193
Hemisphären 51
Herrmann 193
Hipp 51
Hirnhälften 47, 92
Hirndominanzen 92
HKS-Farbe 120
hohe Bildhaftigkeit 56
hohe Konkretheit 57
Honda 48
Hören 19, 74
Hörmann 49
Hörmenschen 75
Human Resources 93
Hypo-Bank 19, 20

I

Identifikation 21
Identität 18, 19
IKEA 15
Impulsive 125
Impulsiver 91, 100
Index 156
Index-Kartei 162
Index-Karten 162
Informationsflut 24
Informationsüberflutung 65
Inhalte festlegen 146
inneren Bilder 53, 54, 62, 125
Institut für Demoskopie Allensbach 46, 52
Instruktion 146
interne Kommunikation 133
Intuition 79, 92
intuitives Wahrnehmen 72
I.M.P. Dialog 51

J

Juchem 63
Jung 78, 79, 89, 92, 104
Jung-Typologien 119
Junghans 21

K

Kartei 156
Karteikarten-System 156
Kataloge 35
Kategorieschema 61
Kaufhaus der Sinne 70
Kausal-Beziehung 61
Keysselitz 12, 14, 22, 35
Kino-Kampagne 70, 71
Kirche 22
Kommunigramm 89, 164
Kommunikation 19, 20, 132
Kommunikations-Infrastruktur 20
Kommunikationsabläufe 20
Kommunikationsarbeit 20
Kommunikationsdefizite 12
Kommunikationsgebilde 19
Kommunikationskultur 20
Kommunikationspartner 19
Kommunikationsprozesse 20
Kommunikationsziel 61
kommunikative Umsetzung 132
Kompetenzen 13,15
konkret 55
Konkretheit 56
konkrete Wörter 54, 56
Konkurrenz-Texte 143
Konservative 125
Konservativer 91, 98, 125
Kontiguität 62
Kontinuität 164
Koordination 62
Koppelmann 193
Korrespondenz 19, 51, 65, 88, 134, 183
Kroeber-Riel 53, 63, 193
Kultur 19, 20
Kundenorientierung 19

L

Lagerfeld 92
Lebensstil 21
Lehrbuch 36
Leitbild 13
Leitfunktion 23
Leontjew 58
Leseentscheidung 96, 98, 100, 102
Lesertypen 104, 118
Lifestyle-Konsum 24
Lindenthal Comix 51
Linguistik 30
Linienkämpfe 133
linksdominant 46, 47, 48, 49
linke Hemisphäre 42
Literaturquellen 193
logisch-analytisch 72
Logistik 164
Logo 65

M

Management 133
Manual 168
Manual zur unternehmerischen Schreibkultur 169, 171
Manz 16, 29, 87, 123, 137, 195,
Marktverhalten 92
Martin Stoll 112
Maßnahmen 152
Mecacci 42, 193
mentales Lexikon 62
Menüs 156
menschliches Verhalten 43, 79
Messestand 19
Meßling 193
Metapher 62
Mitarbeiterkommunikation 20
Mitteilungsinhalt 30
multidominant 124
multimediale Unternehmensbotschaft 66
multisensorische Kommunikation 70, 71

N

Newton 118
niedrige Bedeutungshaltigkeit 58
niedrige Bildhaftigkeit 56
niedrige Konkretheit 57
Normen 20
Normierungsstudien 60
Nöstlinger 69, 195

O

Objekt-Texte 79, 80, 157
Öffentlichkeit 19
Olins 193
Organonmodell 30
optimale Texterfassung 43

P

Paivio 54, 55
Perfektionisten 91, 96, 125
persönliche Briefe 185, 187
Petri 55, 62, 194, 125
Pfalzmöbel 112
phänomenologische Betrachtung 118
Philosophie 63
Piwinger 193
Planung 132
Politiker 52
positive Reizwörter 62
Postdienst 109
Poth 194
Presseinformation 192
Presseinfos 19
Pressemappe 192
Pressetexte 133
Produkt- und Kommunikationspolitik 133
Produktbeschreibungen 133
Produktdesigns 21
Produktgestaltung 19
Produktinformation 52
Produktivfaktor 19
Produktkultur 14
Projektplanung 153
Prospekte 65
Prospekttexte 54
Psyche 78
Psychologie 88
psychologische Funktionen 119
psychologische Reiz-Wörter 178, 179
psychologische Typen 114
psychologische Typensprache 92

Q

Qualität 18

R

Räder 194
Rahmenbedingungen 132
rationalen Botschaften 162
Ravensburger 134
rechtsdominat 46, 47, 48, 49
rechte Hemisphäre 42
Reden 19
Redewendungen 62
Reebok 120
Regeln 20
Reiz-Texte 79, 84, 159
Reizwort 54, 61, 62, 74
Renaissance der Emotionen 62
Renault 120
rhetorische Kraft 35
Richtlinien 168
Rieling Test, 119
rotes Wörterbuch 124, 130, 179

S

Sach-Texte 79, 81, 157
Sachbuch 38
Sammelbox 156
Samuels & Samuels 61
Schlüsselbild 65
Schlüsselfakten 146
Schlüsseltexte 175
Schlüsselwörter 66
Schlußformel 186, 187
Schreibkultur 15, 24, 132
Schrift 34
Schriftbild 35
schriftliche Inkompetenz 24
schriftliche Kommunikationsvorgang 32
schriftliche Vorgabe 156
schriftliches Erscheinungsbild 19
Schriftsprache 24
Schriftstück 14
Schriftstücke 25, 146
Schriftverkehr 133
schrittweise Umsetzung 138
Schukschin 11
Schulbuch 39
Schulungen 156
Schulz von Thun 194, 30
Schwerverständlichkeit 49
Schwibbe 194
Schwitters 35
Sedus 112
Sehen 19, 74
Sehmenschen 74
semantische Visualisierung 21
Seminare 133
sensorische 126
sequentiell, digital 46
Silbermann 194
Sinne 70
Sinnesreize 141, 150, 172
Software 163
Software-Lösung 162
Sony 22
Sprache 19, 30, 118, 140, 149, 172
sprachlich-analytisches Denken 42
Sprachschatz 65
Sprachstil 19, 21
Sprachwissenschaftlich 27
Standortbestimmung 19
Stiftung Buchkunst 35
Stil der Vermittlung von Unternehmenskompetenz 13
Stil und Inhalt der Informations- und Werbemittel 13
Stilentwicklung 24
strategisches Kommunikationsinstrument 19
Subsidiarität 52
Substantive 55, 56, 57, 58
Swatch 21, 107
Synekdoche 62
Synonyme 62

T

taktil 73
taktile Typen 75
taktiler Kanal 75
Taschenbuch 38
Team 132
Team 7 22
technische Texte 53
Terminplanung 146
Text (CW) 23
Text-Analyse 120, 121, 162
Textbild 65
Textfassung 19
Thesen 172
Tonalitäten 23
Tradition 21
Trendzyklus 88
Trio 15
Typen-Test 114
Typografie 19, 35, 141, 150, 172
Typografie ist Kommunikation 34
Typologien 88, 125, 142, 151, 173
typologische Wörterbücher 124, 125, 126, 142, 151

U

überlegtes Leseinteresse 96
Übersetzung in schwarz-weiß 120
um Verständnis bitten 191
Umgangssprache 180
USM Haller 112, 113
Unternehmensbereiche 175
Unternehmensbotschaften 124
Unternehmensgrundsätze 20, 132, 138
Unternehmenskompetenz 14
Unternehmenskultur 19, 20
Unternehmenssprache 23, 74, 132
Unternehmensziele 20

V

verbale Reize 55
Verben 55, 56, 57, 58
Verbraucher-Erwartungen 156, 157
Vereinbarungen bestätigen 190
Verhalten der Mitarbeiterinnen und Mitarbeiter 13
Verhaltensstil 19
Vertrags-Texte 79, 82, 158
vier Aspekte der Nachricht 31
vierohrige Empfänger 31
Visa 108
Vision 21
Visualisierungstechniken 61
visuell 73
visuelle Typen 74
visueller Kanal 74
visuelles Erscheinungsbild 13, 19
visuelle Vorstellung 53
visuelle Wiedergabe 66
VORWERK 66

W

Wahrnehmungsbilder 53, 54
Watzlawick 30, 31
wbpr, Gesellschaft für PR und Marketing 21
Werbung 15, 18
Werbeidee 62, 63
Werte 20
Wertesystem 19
Wertorientierung 24, 94
Wippich 193
Wirkung von Wörtern 43
Wissensfluß 14
Wissenslücke 14
Wittgenstein 62
WOB Marketing Kommunikation 24, 25
Wolf 48
Wording-Bilanz 162
Wording-Index, 132, 133
Workshops 156, 133, 135
Wortbilder 61
Wort- und Bildzeichen 19
Wort-Typen 124
Wörter 124
Wörterbuch 177
Wortnormen 55, 195, 126
Wortnormierungsstudie 55, 59, 120, 195
Worttypus 120

Z

Zanders Feinpapiere 11, 77, 184, 186
Zeichen (CD) 23
Zeitgeist 21
Zeitplanung 133
Zentralstelle mit Servicefunktion 133
Zielsetzung 64, 132, 146
Zielsetzungen 13, 134
Zielpersonen 65
Zusammensetzungen 62

Ob unsere Lehre richtig oder falsch ist
- sie wird das sein - , es ist nun einmal die unsere,
und wir verteidigen sie ein Leben lang.
Nach unserem Tode werden die Knaben,
die jetzt spielen, unsere Richter sein.

Johann Wolfgang von Goethe